华夏智库·新经济丛书

成长型企业
顶层设计

CHENGZHANGXINGQIYE
DINGCENGSHEJI

李 岐 著

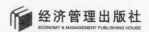

经济管理出版社

ECONOMY & MANAGEMENT PUBLISHING HOUSE

图书在版编目（CIP）数据

成长型企业顶层设计/李岐著．—北京：经济管理出版社，2017.2
ISBN 978 - 7 - 5096 - 4912 - 1

Ⅰ.①成… Ⅱ.①李… Ⅲ.①企业管理 Ⅳ.①F270

中国版本图书馆 CIP 数据核字（2017）第 024426 号

组稿编辑：丁慧敏
责任编辑：丁慧敏
责任印制：黄章平
责任校对：王淑卿

出版发行：经济管理出版社
　　　　　（北京市海淀区北蜂窝 8 号中雅大厦 A 座 11 层　100038）
网　　址：www. E - mp. com. cn
电　　话：(010) 51915602
印　　刷：北京银祥印刷厂
经　　销：新华书店
开　　本：720mm × 1000mm/16
印　　张：12
字　　数：152 千字
版　　次：2017 年 4 月第 1 版　2017 年 4 月第 1 次印刷
书　　号：ISBN 978 - 7 - 5096 - 4912 - 1
定　　价：38.00 元

前　言

　　顶层设计这个听起来颇为"高大上"的命题，似乎蕴含着很大玄机。但其实，这个词在经济学领域并不陌生。随着世界经济的日新月异，顶层设计已经成为企业转型将面临的首要问题。

　　面对未知的未来，企业要承担许多风险，高瞻远瞩，"先知先觉"并不容易。俗话说："人无远虑，必有近忧"，企业如果拥有了科学预判未来的能力，就可以成功打消员工的顾虑，使员工看清未来，从而激发员工的主人翁精神，为实现个人的职业价值而努力工作，为实现企业目标而共同奋斗。

　　曾经有一位村干部，早在15年前就通过疏通，将本村的农业用地规划成建筑用地，而邻村的土地全部用作农业用地。当时这位村干部只是对当年进村的规划队测绘产生了兴趣，并主动了解，有了新想法后就果断采取了行动。如今，该村村民的生活远优于邻村。一个高瞻远瞩的决定改变了一个村子几代人的命运，可见预见的重要性。

　　现代社会竞争日趋激烈，任何企业离破产都只有18个月。作为创业者，在公司创立之初，就应该清楚，哪一步没有走好，结果就是万劫不复、永不翻身。因此，创业者永远要多想一步，永远要做最坏的打算、最全面的准备。有些创业者经常抱怨，说某个行业大鳄轻易地复制了他们的创意，把创业者的路都堵死了。可是，如果创业者预见了这样的未来，并做好了对策，又怎么会被一招毙命呢？

只有准确预见未来，才有机会走得更远，这也是领军人物的核心责任和成功前提。作为企业的领军人物，最重要的任务不是低头拉车，而是抬头看路；否则，企业别想走远。

人不可能一辈子风平浪静地活到老，企业也是一样！只有挺过暴风骤雨的企业，才是真正强大的企业。如果企业领导没有经历过任何挫折，将来遭遇风险的概率就会很大，就好像小孩子出天花，越早出就越早形成免疫力，余生都不会再出。

2008年底，令人意想不到的一幕出现在联想的CEO俱乐部会议上：柳传志主讲"企业如何过冬"。当时很多人都觉得柳传志在杞人忧天，可是接下来的几个月，事实说明了一切。

事实上，所有企业领导者都应该做到"春江水暖鸭先知"，这样就能把主动权握在手里。在泡沫破灭之前抓紧时间清仓，在升浪之前赶紧建仓，这会给企业带来多大利益啊！而这一切，都需要一个具有预见性的领导者。

对于企业领导来说，也许你不能预见国家的宏观形势，但至少要看清本行业的未来；退一步讲，即便不能洞悉整个行业的未来，起码也要清楚本企业未来的走向；否则，失败是必然的。

基业长青是每个企业追求的最高境界，持续的变革与升级以适应环境的变化是保持基业长青的核心要素。本书系统性地解析了企业变革时期的方法论，它告诉我们：

企业家的成长永远是顶层设计的第一步，而且是最重要的一步。

只有模式的改变和资本的介入才能改变企业的基因。

文化建设和组织建设是顶层设计的基础。

　　顶层设计的模型就是本课程的模型和本书各个部分的核心逻辑关系。

　　顶层设计的起点是顾客价值，五个维度是企业家、文化、模式、资本、组织（见图 0 -1）。

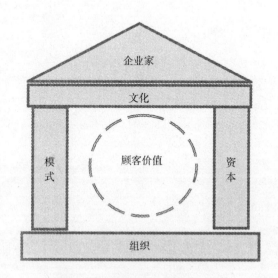

图 0 -1　顶层设计的房子模型

目　录

绪 论

我们先要明确一件事，为什么要抛出房子模型？

企业的经营分为两个阶段：第一个阶段叫机会导向，第二个阶段叫战略导向。创业初期，一般都是看什么赚钱、看什么好干、喜欢干什么，已经做了什么，秉承这样的思想观念和动机，企业的很多决策就都是随机的、零散的，可是随着不断发展，企业会变得更大、更强，这时就要进入战略导向了；就要用系统化的思维合理地、科学地对企业进行设计。为了走好自己的路，还需要一套明确的方法论来支撑我们的设计和规划，让我们有的放矢。

如同远航要有指南针、航海图、GPS 定位系统，房子模型就是针对成长型企业沉淀出的一套行之有效的方法论；如同小米的"专注、极致、口碑、快"，这套方法论并不复杂，但能根据企业初创期、成才期的状况给企业提供一套从思维到操作的方法。任何方法论都不是完美的，需要企业在实践过程中根据自己所处的阶段、自己的行业特点、自己的企业类型、自己的竞争优势、自己拥有的战略资源、自己对未来的规划进行系统的构思和平衡。顶层设计可以使企业竞争力更强、持续成长力更强、相对平衡发展。

顶层设计要追寻一个原点，也就是所有经营活动的动机和中心：实现顾客价值。顶层设计的一个起点，就是企业家个人成长尤其是领导力的成长。

在电视剧《亮剑》中，李云龙虽然是英雄，但新中国成立后仍然需要去军校学习，因为抗日战争和解放战争的军事思想已经不能满足现代战争的需要，同样，企业家的成长速度也要快于企业的成长速度。

顶层设计的四个维度就是文化、模式、资本和组织，企业文化构建的起点是企业的愿景、使命、价值观。这是一个形而上学的话题，很多企业经常搞混目标、梦想、愿景、使命、价值观。其实，愿景就是我们最终的去向，也就是要为客户实现什么价值；价值观就是我们的行为规范，决定着我们有所为，有所不为。2003年，阿里还没有实现盈利，甚至盈利模式都不完全清晰，但核心高管COO关明生却提出：企业要学习，要寻找自己的愿景、使命、价值观！他以一个500强企业核心高管的经验和职业素养告诉阿里人：不能为顾客提供价值，没有自己的使命和价值观，注定平庸！企业的顶层设计要考虑文化维度，要改变自己的基因，但要想拥有巨人的基因，必须从"头"开始。

商业模式的本质是实现顾客的价值，放大自身优势。所以，要想设计和优化自己的商业模式，就要具备预见性、前瞻性、思维的系统性和对自身分析的准确性。如今，我们所面对的市场是多元化的，顾客的需求是个性化的，信息的扁平和对称让大家觉得生意非常难做，因此过去的多元化变成了专精化，过去的粗放经营变成了工匠精神。

一直以来，资本的力量都被企业家忽略。以前，市场环境好，借势而为，只要卖东西，就能赚钱；如果会卖东西，就能赚很多钱。而今天，市场环境变了，就需要换个角度来看待市场。如今的市场主要有：产品形态和资本形态，产品形态思考的是：卖产品—赚毛利—再生产—再卖产品；而资本形态关注的是做好估值、拉高市值、整合资源、不战而屈人之兵；产品形态思考的是：卖好产品打败对手；资本形态思考的是：放大估值、整合同业，因此经营者必须用更强的能力来看待经营。

投资人孙正义曾经讲过：三流的战略一流的执行和一流的战略三流的执行都会带来失败！今天，企业竞争依然是人才的竞争，如何吸引人才、激活人才、留住人才依然是企业的课题。在从事咨询和投资的过程中，我们发现，很多企业家拿到融资后，都没有产生预期的结果，大多数都是因为团队的能力和凝聚力出了问题。我们所看到的优秀企业，不论是华为，还是阿里，抑或是小米，其顶层团队、核心层团队员工的战斗力都是首屈一指的。过去企业采用的是雇用制，今天成功的企业都是全员持股，个体与公司的关系在悄然发生着改变，合作、分享变成了主题。

企业的顶层设计要从两点四度进行综合考量，但不能进入形而上学的死循环。当企业进入顶层设计的时候，必须进入单点切入，而这个点永远是企业家。当我们想让企业拥有巨人基因时，企业家思维的基因、大脑系统思维提升是关键中的关键。

顶层设计的四个维度不是独立存在的，而是牵一发而动全身，任何一个点的调整都要求全部优化调整，例如，当企业需要进行股权融资的时候，一定会进行商业模式的优化和再造，深挖自己的核心价值、核心优势；融资后，企业会继续吸引更高水平的人才加入。同时，为了实现更多人的共同目标和愿景，企业的愿景和价值观也会相应完善和升级。

如果企业想将商业模式或竞争优势作为一个切入点进行顶层设计，没有资本的参与，没有资本的杠杆作用，没有资本迅速整合上下游、同业或者异业，没有迅速绑定人才，商业模式是无法发挥优势的，企业家也就会由过去的皇帝思维（企业是我的）变成和股东分享平台和梦想。

当然，也可以将组织建设作为顶层设计的切入点。古人云："有恒产者，有恒心！"只有自己的资产和平台是一体的，有安全感、有更大的期许，我们的心才会定下来，所以要想打造一队真正的铁军，让核心层上下同欲，让人才又红又专，仅靠单一的打鸡血模式是不行的，必须一手抓物质一手抓精神，必须引入概念股权激励。

股权激励是资本对内发挥作用的一种形式，员工也是客户，在实现客户价值的时候，也要满足员工的需求。员工在平台的需求，最关键的有三个：收入、成长、未来。在我们服务的客户中，股权激励做得好，让分公司批量复制、业绩爆发增长的案例比比皆是。我们发现，为了建设一个战斗力强、有凝聚力的组织，股权模式、文化表达模式都要进行相应的升级，甚至还要改变营销模式、市场运作模式、商业模式。

由此可见，顶层设计的四个维度是相互协调、系统性优化的，通过学习和阐述以上部分，可以让我们更加清晰地认识到，企业家的成长思维和认知的系统化提升、核心团队的成长以及对顾客需求的精准理解和深挖，都是企业经营的重点。

企业家的高度决定了企业的高度，顶层设计的四个维度决定了企业的基因，理解了这些，对于全书、对于未来才会有更清晰的理解。

第一章　企业家

企业真正的瓶颈是企业家。

企业家的知识、思维模式、认知水平、偏好决定着企业的走向和未来。

领导力可以吸引人才、整合资源、凝聚人心。

企业家要从不同层面提升领导力。

互联网和资本的时代需要企业家有全新的领导力模式和基本功：自品牌、建圈子、快成长、会娱乐、懂资本。

第一节　领导力是什么

领导力的组成要素

究竟什么是领导力模型？领导力模型是指，根据具体的组织、行业和环境的要求，能够支持和推动组织实现目标、可持续发展的最佳行为和领导能力的总和。这一模型综合了领导者的素质、能力、态度和行为等一系列因素。

下面介绍两个典型的领导力模型——GE 和宝洁。这两家公司的领导力培养工作在全球企业中独领风骚。那么，他们各自有怎么样的领导力模型，是否有共同点呢？我们或许可以从中得到启发，看看一位优秀的领导者应该是什么样的。

1. GE 领导力模型

时任 GE 董事长杰克·韦尔奇认为，作为一位可靠的领导者，具备"4E + P"的素质最关键。这也成为"GE 领导力模型"的最主要内容。

（1）Energy（活力）。活力代表了一个人的能力，决定了他是否干劲十足。这类人多偏爱行动，做事不屈不挠，绝不畏惧逆境，也欣然接受变化，并喜欢不断学习、挑战新事物。

（2）Energize（鼓动力）。鼓动力通常作用于他人，即能够使周围的人活跃起来，并善于与他人沟通、交流自己的想法和意见。杰克·韦尔奇认为，这是一种非常积极向上的活力，它能激发其他人的行动力；这种激励不是慷慨陈词，而是具备非常出色的说服技巧，具有唤醒动力氛围的能力。

领导者懂得通过激励下属，让自己的团队充满斗志，完成看似不可能完成的任务，并因此享受战胜困难的喜悦，是一种非常难得的品质。

（3）Edge（决断力）。决断力即勇气，作为公司领导者，任何时候都应该具备竞争精神、自发驱动力，坚定的信念以及勇敢的主张。

（4）Execute（执行力）。执行力关系着能否收获结果，如果能将美好的构想变成现实，就说明他是个具有执行能力的人。执行力能力强的人，知道如何把决策变成行动，并不断推进直至实现目标；并且，能有效抵抗过程中出现的阻力、混乱和意外干扰。

（5）Passion（激情）。所谓激情，就是指对工作长期保持强烈的、忠实的兴奋感。充满激情的人不只希望自己成功，同时也特别希望同事、员工获得同样的成功。

2. 宝洁领导力模型

宝洁公司在衡量一个管理者是否有领导力时，把重要因素概括为"5E"。

（1）Envision（远见）。领导者需要具备勾画愿景的能力，以此来给整个组织明确方向，把团队引向正确的道路。

（2）Engage（凝聚力）。领导者要能充分整合人力和资源，将员工和老板的利益统统整合进共同愿景中，将所有资源汇聚在实现目标上，形成自上而下的支持梯队。

（3）Energize（鼓动力）。能够适时鼓舞团队士气和热情，鼓动团队始终保持高昂的工作激情。

（4）Enable（培养力）。领导者要注重培养人才，构建团队的整体竞争力，重视授人以渔。

（5）Execute（执行力）。领导者要率先垂范，用自身完美的执行力推动团队发展。

领导者类型

如同人有不同的性格，领导者按照其特质和所见长的方面也分为不同的类型，创业初期领导者依赖于这些特质和独特的领导风格打江山、创市场，当企业进入初创期和高速发展期，依赖的是企业家的特质。伴随着企业规模的扩大，企业会从初创期进入发展期、成熟期，对企业家的要求就会提升。企业家的知识结构思维结构趋于平衡，对创建系统、创建标准和顶层设计能力的要求越来越高，从过去的"一招鲜吃遍天"、"三板斧闯江湖"，到接下来面对更大的组织、更高级别的核心人才、更大的市场挑战、更强的市场竞争，企业家的自我认知和成长速度直接影响着整个企业的发展速度。

笔者有个企业学员，创始人是对小夫妻，在一个省做互联网行业，小有名气，两人均是业务员出身，所以整个团队生龙活虎，个人业绩出众，单兵销售能力、顾客数量都非常好，连续数年在当地行业排名第一。但移动互联网出现后，他们的生意很快就被后起之秀抢夺。

究其原因在于，夫妻俩都是业务型领导，更关注卖的环节，对于市场的变化、行业技术的变化即行业资源的整合，关注度不够。而且，整合的时候，持怀疑和抗拒态度，因此在转型和升级的阶段错过了良机，将自己置于非常被动的境地。

笔者的另一个企业学员是家百年老字号食品企业，在当地非常有影响力。因为是祖传，也是家族产品的继承者，一直都对技术、品质关注特别多，在省内绝无对手，但近几年却遇到一个巨大挑战，国内一食品行业龙头企业运用资本杠杆连续收购多家同行业食品厂，形成集团化、规模化、品牌化运营，在技术、规模市场占有率上显示出了无法抗拒的优势，令这个百年食品企业非常被动。

不卖掉，对手虎视眈眈；卖掉，心有不甘。若走资本之路，企业家本人对资本没能完全接受，股权稀释了，控制力就丢失了，企业家死活不打算稀释股权，既不打算引入资本，也不允许投资人进场，最终将企业拖到濒临破产的边缘。

这些企业家，无论是技术型，还是业务线，在创业初期，在市场环境相对平稳或上升期，都显示出了独特的优势，但在企业转型和升级的关键时刻，由于自己的知识结构、思维结构、认知结构不够平衡、不够系统化，将企业带入了非常被动的境地；所以，企业的转型升级应先从企业家的思维和大脑开始。

那么，领导力类型都有哪几种呢？如表 1-1 所示。

表 1-1　领导力类型

领导者类型	特质	内容
资源型	江湖、圈子	接触高层、接触特殊关系、优质人脉的数量、社会影响力等方面见长
战略型	规划、系统	调配资源、系统思维、布置工作、制定标准见长
信念型	单纯、执着	耐力好、不达目的不罢休、结果思维、有时效率不高
专家型	产品、技术	钻研于技术、精于产品并在业内有独到建树
支持型	耐心、细致	能力不突出但会给下属空间、善用人才
休闲型	贪玩、感觉	娱乐投入较多时间、生活元素较多、与工作狂正好相反
业务型	卖货、业绩	具备销售天分、喜欢卖东西、擅长零售

企业顶层设计与领导力之间的关系

企业转型，从领导转型开始！

一提到刘强东，大家必然要对其履历津津乐道一番，他是将传统企业成功转型为互联网企业的代表人物。

京东最早是在中关村摆摊，再传统不过，后来逐渐转移到在网上卖3C数码配件，后来又转型做全品类。一个"中国版亚马逊"的牌子，宣告了京东转型的成功。但最值得注意的是，京东的基因其实跟传统企业一脉相承。

曾经有位企业家这样说："今天看起来，那么多云端互联网公司，都无法和刘强东竞争的原因就在于他能卷起裤腿干活，能用泥脚上路，做别人做不了的事。他会逐渐成熟，但我仍希望看到一个挽起裤腿，赶着牛走的人。"

能"挽起裤腿，赶着牛走"的企业领导者，怎么看都很接地气，有股野蛮生长的意思。然而事实就是这样，京东能从一个传统草根，走上互联网大咖的转型之路，离不开刘强东的个人领导力。

第一，用户体验至上。刘强东亲自上阵，把网上一些客户的抱怨直接扔给下属，例如，某位客户好几天没有收到货，通过这样的客户反馈，就能很快针对系统不畅进行改进。后来，因为订单不断增加，每天上百万的订单，找一两个这样的例子不再有现实意义，因此刘强东减小了此前做法的频率。

然而，刘强东把"用户体验至上"保留为公司商业模式的核心。从卖电脑，到卖3C，再到做全品类，直到自建物流，潜在的唯一驱动力就是用户体验。显然，京东已经证明这个决策的正确性。

第二，威权＋失控的执行。京东的成功转型离不开刘强东的决断力，这也形成了公司的"威权文化"。而公司的创新力却是"失控"的，这又使得京东可以在互联网模式下走得更远。

第三，品类杀手。说起京东的核心竞争力，京东的高管们普遍认同一句话——"对未来有感觉"。或许，这个"感觉"就是善于做品类杀手。

当然，不是每个企业领导者都能成为第二个刘强东，精准的眼光不是人人都有，但是我们也可以通过提高执行力、完善用户体验、适当放权等举措来弥补。这样做也许没法让你的公司成为行业老大，但至少离成功转型也不远了。

不过，就目前来看，中国多数企业领导者还在"摸着石头过河"，直到今天的"顶层设计"仍然是这样。面对更加广阔的全球化市场，未来有着更多不确定，企业要转型，还是要从领导者自身开始。

成功的企业，要仰仗成功的领导者及其团队，反观失败的企业，几乎都是在最关键的时刻，领导者不能力挽狂澜，或领导者的才能用错了地方而导致的。

企业转型，其实是人的转型、是领导者观念的转型，领导者必须重塑几项非常关键的特质：具有乐于变革的开放性思维、强大的学习能力、创新创业精神、果断的行动力、不屈不挠的热情、传导企业目标和愿景的沟通能力。

有人一定会说，拥有这些素质的领导者，一定是全能型领导吧？没错，拥有这些素质的领导者，会比其他领导者更有自信，即使在风云变幻的时代仍然能获得成功。如果领导者都没有这样的能力，如何带领好一个团队，带领企业成功转型，走向崭新的未来？

重新思考和识别如何获得新领导力，是企业进行顶层设计前的第一个环节，并应该以此在企业层面上有目的地培养更多杰出的领导者。当今社会，任何企业都难以凭一己之力包打天下，很多轰然倒下或者还在苦苦挣扎的企业，就是因为缺失这样的整体领导力。但令人遗憾的是，虽然很多人意识到了这一点，但就是做不到。

第二节　企业家最重要的两种能力：融与销

企业家最重要的两种能力，融与销（见图 1 – 1）。

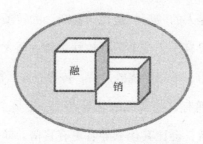

图 1 – 1　企业家最重要的两种能力

融，融人，融智，融资（见图 1 – 2）；销，销售梦想，销售企业，销售个人品牌（见图 1 – 3）。

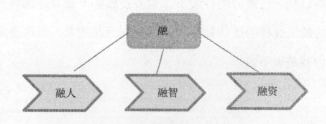

图 1 – 2　企业家融的能力

如今，大多数中小企业战略规划之所以无法落地，发展遇到瓶颈，主要

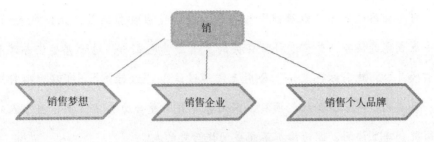

图1-3　企业家销的能力

在于人才、资金不足或欠缺，由此融资能力也就成了各企业家需要不断修炼的基本功，而过去的企业家融资方式几乎都是老三样——借、银行贷款、交，所以，融资能力是企业家的一项基本功，而营销能力则是所有企业赖以生存的命脉。

高建华曾担任中国惠普公司助理总裁，他离职前的最后一项任务，就是完成惠普和康柏的兼并工作。从惠普宣布要和康柏公司合并那一刻开始，惠普就成立了自上而下的"兼并与整合办公室"，由高建华负责中国内地和中国香港地区的兼并事宜。

为了把每项工作落到实处，高建华带着相关团队到亚太区领任务：首先把整个兼并任务分成16个大类，每一类都由相应负责人提出工作任务和要求，包括产品、办公室、团队等各个方面；其次把每一大类细分成若干项重要任务；最后把这些任务再细分成若干"动作"。

这样一层层分下来，看似无从下手的海量任务，很快就变成了一个个完全可以进行布置、考评、监控的"标准动作"，总共有1200多项，全部整合在一份完整的项目分解报告。有了这份CIPOR（Country Integration Plan of Record），高建华只要每周检查各项"标准动作"是否有序完成，并向亚太总部的兼并与整合办公室如实汇报即可。如果有谁没有按时、按质、按量完成"标准动作"，就会让全公司的人都知道，他自己也会明白自己拖了后腿。

当时公司还采用"红绿灯"制度，对圆满完成任务的员工用绿色表示；差一点点完成任务，并可以补救任务的员工用黄色表示；对于那些任务停滞不前的员工，就用红色表示。公司上级通过这个"红绿灯"，可以对项目进度一目了然，一旦出现红色项目，不用等兼并与整合办公室过问，当事人的上司就会马上询问，因为谁都不想成为拖后腿的人。

像惠普这样拥有十几万员工的公司，要完成和另一家公司的整合，任务一定是海量的，而公司要求所有事宜在一年内圆满完成，这无疑是更大的挑战。对工作进行有效的分解，也就显得异常重要了。

过去很多企业家是业务员出身，将营销能力当作卖货的能力、抓业绩的能力，在互联网时代，抢占顾客的心理认知，需要的是企业家能卖出梦想，能卖出个人品牌和企业品牌，这也是容人的基础！

企业家融的能力包括以下内容。

1. 融人

领导者是指导方向、按照方向前进并且为员工指明方向的人。想留住人才，不是有钱就行，有些特定的品质也是他们必须拥有的，所以为了让企业发展壮大，识别这些品质并努力创造出拥有这些品质的领导很重要。

其实，员工在公司内评估领导并对他们形成见解，就像员工评估员工那样常见。无论工作多么好，缺少能力强的领导者，员工定然会离开并去寻求更好的环境，这样就会给公司的发展造成损害。

那么，员工真正想在领导者身上看到哪些品质呢？

（1）诚实和正直。如果领导者是坦率的、诚实的，就可以建立强大的信任基础。一旦员工知道领导者是值得依靠的，当涉及与领导者、与客户、与投资者、与媒体对话或者任何其他可能与公司有联系的人对话时，自然会畅所欲言。他们从来都不会担心一个正直和诚实的领导者打算要做的事情！

（2）沟通。诚实和坦率固然很重要，但是沟通会让事情向前迈出一步。让员工拥有知情权很重要！这样，就可以在无须提醒或问及的情况下做出额外的努力去沟通，并确保事情进展顺利。

（3）分配任务的能力。如果领导者做事有条理，能够正确有效地委派不同的任务，员工就会多一些信任。而且这样还能凸显出领导者可以控制局面。

（4）尊重和信任。每个员工都想知道，他们是整体的一部分，为公司做出重要贡献；领导分配任务是一种信任，也是一种尊重。也就是说，领导者可以通过展示表 1-1 上的所有品质来显示出尊敬并且创造出可信度。

（5）态度积极、幽默。工作，必然有大压力，领导者的工作就是让办公室的氛围变得轻松起来，让大家保持愉快的心情。即使领导者能力绝佳，但如果不能让员工对工作持有积极的态度，无法给周围的人带来欢乐，办公室的气氛就会死气沉沉。

（6）努力工作。员工都想看到领导者在努力工作，而不仅是分派任务后轻松地坐在那里。领导者不能以身作则，员工怎么有动力努力工作？

（7）信心。领导者必须对自己充满信心。

（8）公平。领导者能做出的最糟糕的事情就是厚此薄彼，或者在办公室里做出不公平的事情。在得出结论前，要先去查看所有的事实，要去倾听所有的想法。

（9）灵活和理解。如果在办公室外发生了什么事情，或者办公室内的某项工作没有完成，员工多半都希望能和领导者沟通。这时，一定要让员工解释，这样他们才会感觉到领导者是公平的并理解他们。否则，员工很容易产生窒息感。

（10）影响他人。激励和影响力可以成为让员工把工作做得更好的动力，对整个公司来说都是双赢的。领导者越鼓舞人心，员工就越可能把工作做好。

2. 融智

老板是企业的掌舵人，是资产的拥有人，是最有话语权和决定权的人，一定要具备超前的眼光、宽阔的胸怀、大气的肚量，能容常人所不容，能忍常人所不忍；必须眼观六路，耳听八方。

当老板不容易，但为什么有的老板干得风生水起，有些老板却干得很吃力？其实，那些会做老板的人都有一个共同点，他们善于集思广益，能够将员工的潜能最大化。针对一个问题，一人想一个办法，然后总结归纳，留其精华，弃其糟粕，问题自然就解决了。如马云、李彦宏等成功企业家，遇到问题的时候，都会不停地和员工讨论，从来都不会独断专行，更不会妄下结论。

诸葛亮是三国时期杰出的政治家、军事家，为刘备所用。尽管诸葛亮非常厉害，但民间还流传着"三个臭皮匠赛过一个诸葛亮"。并不是说臭皮匠有多么厉害，也不是说一个人的力量有多小，只是告诉我们，众人拾柴火焰高！集体智慧绝对超过老板一人的智慧！

企业的成功离不开员工的参与和努力，这就是团队的力量。团队的力量是无穷的，不仅能完成个体无法完成的任务，还能创造出无法想象的奇迹。所以，作为老板，不要事事自己想办法、拿主意，要充分发挥员工的智慧，集思广益，让员工多参与、多讲话！

3. 融资

对于企业来说，即使资源再多，还是有限的，企业不仅应拥有资源，还要具备充分利用外部资源的能力，使社会资源能更多、更好地为本企业的发展服务。

有些企业虽然没有厂房、没有机器设备，甚至没有自己的员工，同样能生产出产品。其实，他们并不是真的没有，而是充分利用了社会上的资源，进行了虚拟研发、虚拟营销、虚拟运输和虚拟分配（指股权、期权制）等。

有的企业实行脑体分离，仅有几个组织经营生产的人员、几间办公室而已，却利用外部的土地、厂房、社会上的技术人员、管理者、劳动力、原材料等生产出大量的产品。所以，在营销策划过程中，必须开阔视野，充分利用广泛的社会资源。阿里就是一个典型的搭建平台整合资源的例子。

阿里整合了供应商和需求方的信息，打造了一个信息平台。供应商和需求商可以通过它交换信息，互通有无，达到最佳的交易效果；在这个过程中，阿里就通过收取服务费而盈利。

企业家销的能力包括以下内容。

1. 销售梦想

任何企业都有自己的梦想，企业家的任务就是要将企业的梦想广而告之，让客户知道，让员工知道……引导大家一起为了实现梦想而努力！

2. 销售企业

产品的销售，也是企业的销售。一旦某个企业占据了人们的大脑，消费者有了这方面需求的时候，自然会想到这家企业。因此，企业家的一项重要任务就是，将企业营销出去！

3. 销售个人品牌

优秀的企业家也是一个个人品牌。很多时候，不管是融资，还是合作，抑或是销售，人们都是冲着企业家的牌子去的。因此，为了企业的长远发展，领导者一定要打造一个好的个人品牌。

第三节　成长三步法

企业要转型，先从企业家开始！只有企业家对未来市场变化进行敏锐洞察，对未来经济形势进行前瞻性预判，对新技术发展和竞争环境演变进行理性分析，对个人事业和组织追求具有超凡眼光，企业转型才有可能。

成长三步法如图 1-4 所示。

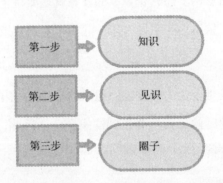

图 1-4　成长三步法

马云说："目前世界缺失的不是钱，商业社会缺失的是企业家的精神、梦想和价值观。把这些力量发挥出来，积极地谋划应对之策，就有希望带领企业担当起促使经济复苏的使命，参与到世界经济力量的重建中来。"一旦领导者真正具备了这种精神，就会发现企业转型，不仅面临着危机，还面临着其中暗藏的机遇。

知识、见识和圈子，是老生常谈，企业家才是企业的真正瓶颈。企业家的思维、企业家的知识、企业家的圈子，决定着企业的未来。

第一步，知识。

笔者的一个学员，企业产值 1 亿元左右。停在原地 10 年后，感到痛不欲生。后来，他开始到处学习，但也经历过一个迷茫和困惑的阶段，不知道哪个体系更适合自己，不知道哪个老师说得更对，更不知道如何应用。

笔者坚定了他的学习信心，让他回去从最简单的开始实践，不要怕错。经过近两年的磨合，在市场逐渐下滑，竞争压力逐渐增大的时候，该企业体现出了整体的竞争优势，团队的执行力、精神风貌在行业内占有压倒优势。

这个企业家及他的爱人通过今天的学习，思维体系的完整性和对行业的判断都领先于对手，企业转型升级非常成功。

5 年的时间，500 万元的学习投入，看似短痛，但对于下一个 5 年的发展，则是十倍和百倍的成就。

科技的不断发展带给我们的是急速的发展，企业家脑中的知识量、对新生事物的认知和判断，决定着企业的战略方向，所以笔者始终都建议着客户和学员永远不要停止学习和成长的脚步。

企业家在学习和成长上的投资是最有价值的投资，连伟大领袖毛主席都曾经说过："3 天不学习，赶不上刘少奇！"今天，我们面对的是发展速度如此惊人的互联网和资本时代创业者，企业家每年都要拿出至少 5% 的个人收入来学习，无论是 MBA，还是总裁班、私董会。

回忆笔者的最近 10 年，对人生最有帮助的事情就是从未间断过学习！

第二步，见识。

在作评审嘉宾的若干活动中，经常会遇到尴尬的场面，例如，传统企业家转型升级，把一款 App、一个门户网站当作可以颠覆马云、刘强东的法宝；对平台、对大数据、对流量认知非常浅薄，但是梦想却非常伟大，都是颠覆、革命、整合……因此，笔者经常会建议企业家，如果有机会以游学的形式、私董会的形式或者参加专题培训和学习，一定要多涉猎互联网、资本和高科技行业产业。

有的企业家身边的专家、智囊见识不够，在不成熟甚至根本不可行的方案上大规模投资，结果无法调头，资金链断裂，在几年的创业浪潮中，此种案例比比皆是。很多创业者跨界过来，从传统行业跨到互联网领域，梦想是有的，但是知识的浅薄让梦想和未来很难实现，关键是要走出去，交高人、见世面。

笔者经常建议学员企业要有"读万卷书，不如行万里路"的思想，鼓励他们走进知名企业，去看，去问，去现场，同时突破自己。

有个学员是传统企业的老板，第一次参加项目路演的时候，在台上5分钟，两页PPT都没有讲完，感到非常灰心丧气，自尊心受到伤害。我对他说，成长需要先放下面子，先丢人，每一个新领域的探索、突破都与我们过去的成功和经历无关，我们需要回到小学生的心态。

他接受了我的建议。经过几个月的修炼和磨合，终于在一个新领域拿到了风投，得到了项目投资。这是一个开眼界、做体验的过程。

第三步，圈子。

至于圈子，我们看到，牛根生在遇到困难的时候，得到了泰山会柳传志等的资助，动辄上亿元，俞敏洪在人生最低谷的时候也得到了帮助。由此可以看到圈子的力量。

我们过去的圈子大多是同学、老乡，可能是以情感联络、吃喝为主，未来企业家的圈子，会以创意社群的形式出现，大家基于学习和分享，以互联网的链接、分享的主题建立，是知识、智慧和资源的共享。

关于圈子，笔者给各位企业家一个忠告：不是我们进得多，就叫有意义。

在任何一个圈子，付出和贡献不够，就会导致话语权不够；话语权和参与感不够，在圈子中所能得到的资源就有限。所以，很多人经常跑圈子，但是在任何圈子中都很难成为核心层，更有甚者最终成为圈子的边缘人。

圈子的本质是等量交换，要不断成长，让自己的能力和付出能匹配自己想要的资源和获得的回报。

企业家的成长

企业是市场的产物，而市场每时每刻都处于变化中。如果企业的内部变化追不上市场外部的变化，被淘汰的可能性就会大增。所以，企业要想获得生存和发展，就要进行由内到外的变革，在这个过程中，老板就是变革的推动者、支持者。如果企业家具有较强的危机意识，变革速度快，企业的发展就会顺利很多；相反，一旦企业外界的市场发生了改变，如产品、竞争对手、客户需求、而企业家却依然固守自己的习惯，必然会给企业带来灭顶之灾。

大多数中国企业之所以都不会存在太久，根源就在于老板。很多老板看到公司赚了点钱，就觉得自己能力卓越，觉得赚钱并不难。他们缺少危机意识、创新意识，无法正确地认识市场、机会和自己，看到企业有了一点起色，就恨不得一口吃个大胖子，盲目扩张，盲目投资，连早些年赚的钱也赔了进去。

企业好不好，并不是看其今天赚了多少钱，而是看企业今天具备了什么样的赚钱能力。优秀的企业老板都会问自己这样一个问题：今天自己赚钱是机会大于能力，还是能力大于机会？如果觉得自己能力不佳却赚了不少钱，他们就会在最短的时间里充实自己，因为他们知道，如果今天不努力，这些赚到的钱很可能会在明天离开他；如果认为自己的能力大于机会，他们就会耐心等待，因为他们深信，不是自己赚不到钱，而是因为赚钱的机会还没有到来。

可是，今天大多数企业老板却搞不明白，自己的钱是怎么赚来的？运气好，就赚一把；运气差，就赔进去。把企业的经营当作赌博，是非常危险的！

要想将企业经营成功，就一定要了解市场发展规律、行业发展趋势、企业发展变化、客户需求动态。老板的思想、胸怀、格局、境界、眼界，一定要跟随企业的变化而变化。

小型企业是为自己奋斗，中型企业是为员工奋斗，大型企业则是为社会奋斗。

小型企业赚的钱是自己的，中型企业赚的钱是全员的，大型企业赚的钱则是社会的。

企业的百万元是自己的，千万元是员工的，亿万元则是国家的。

事实证明，企业家的使命感越强，工作动力也就越大！小企业为家乡争光，中企业为城市争光，大企业则为国家争光。所以，企业做得越大，企业家肩上的担子也就越重；担子越重，也就对企业家的能力提出了更高的要求。

为什么中国中小型企业多，大型企业少？因为企业家成长太慢，远远落后于企业的成长速度和规模。所以，虽然企业发展不错，可是很多老板却感到不知所措：不是担心企业的财务问题，而是不知道有钱了怎么办。

时势造企业，时势造英雄！很多时候，企业家今天的成绩并不是能力的体现，而是因为运气好、有胆识。然而，企业竞争不在一时，而在一生。经营企业并不是有钱了就好，如果企业家不懂克制、无法管理好自己，那么，对于他们来说，有钱并不是一件好事情。相反，一旦失败，则会败得很惨。所以，企业家需要不断成长，需要学会赚钱、管钱、分钱、投钱。只有老板持续赚钱，认真管钱，合理分钱，小心投钱，企业才能健康发展。

通常，企业之所以会倒闭，主要问题都出在老板身上，而不是外界环境和内部员工。看到自己的企业不好或倒闭，有的老板会找各种理由、各种借口为自己辩护，从来都不会思考：在同一个市场下、同一个环境下，为什么人家越做越大，自己却越做越小？也很少有人会问自己：当竞争对手都在研究市场、制定战略、开发产品、培训员工、改变制度、提升管理的时候，你在做什么？小型企业做不好也许是因为钱，但大型企业做不好就不是钱的问题了，只能证明企业家自身有问题！

企业需要发展，企业家更需要成长！如果企业家故步自封，即使企业有再多钱也会败光。为什么中奖的人往往后半生不幸福？因为这笔钱不是通过自己的努力赚来的！所以，一定要在企业盈利的过程中体现出企业家的价值。

金钱是价值的交换，没有价值的交易，即使企业今天赚了钱，明天也会赔进去。偶然的成功，必然会带来未来的失败！企业家并不代表金钱、地位和权力，而是一种赚钱的能力！

企业家的五种素养

企业的成长是无法突破企业家思维空间的，其不仅要受到领导者思维边界的限制，还要受到全体员工执行力的管制。其中，企业家的知识、见识、方法、境界、意志力，是影响企业成长的最重要素养（见图1-5）。

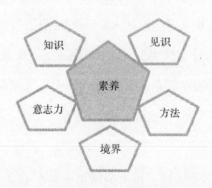

图1-5 影响企业成长的最重要素养

1. 知识

知识就好像是厨师做菜的原料，好厨师永远不会死记硬背菜谱。知识，只有分开学，用的时候才能合起来。王阳明说："真正的知识是从苦难中来，从千锤百炼中来。"知识是创新的基础。

要想让企业成功转型，就要进行知识的拓展，其中最主要的方法就是学习，所以企业家首先要舍得投入，如投入时间和金钱，需要掏自己腰包时一定不要迟疑。其次要学会雾里看花，参加了很多企业家培训，却不知如何运用和落地，就一定要积极实践。因为，真正的成长是需要实践的，一定要给自己安排一个试错期，在实践中不断体悟。

2. 见识

见识和个人经历有着密切的关系。当今社会有个奇怪的现象：到处都是才华横溢的穷人、满大街都是没文化的暴发户。原因何在？那些暴发户虽然上学的时候成绩不好，却因为见识多、阅历丰富，可以轻而易举地找到中国转型期的关键要素，因此更容易抓住成功的时机。

3. 方法

做事要讲方法，企业转型也需要合理的路径！"上山千条路，共仰一月高"，虽然大家的目的都一样，但具体走哪条路上山，还得自己选。

有人问牛顿："为什么你能发现上帝的秘密？"他是这样回答的："因为我知道正确的方法。"同样，企业要想成功转型，关键就在于，企业家要找到最正确的解决方法！

4. 境界

境界决定高度！心态不同，取得的结果也完全不一样。所谓战略，就是站在山顶上思考问题，从山脚下开始行动。企业家的最高境界是什么？能容人、舍得分、放得下、肯奉献。

（1）能容人。当企业发展到一定规模的时候，内部就会出现越来越多性格迥异的人，这些人甚至很有个性或脾气，但只有不同性格的人在一起，才能产生更好的创意。如果老板的身边都是一群小绵羊，只能说明他不够包容。

（2）舍得分。这一点更是对老板的一种考验！如果想让企业获得长远发展，就要从利润中拨出一部分期权、股权、分红，发给下属，如此他们的积极性才会被调动起来。

（3）肯奉献。优秀的企业家，经常会领导企业做公益，或者积极担负社会责任。企业能否转型成功，企业家的境界十分重要，它决定了企业家以怎样的高度思考问题。

5. 意志力

企业转型不是一朝一夕就能完成的，在转型的过程中，经常会遇到很多意想不到的问题。为了有效促进企业转型，企业家必须具备强大的意志力。

企业家的五种能力

大量研究证实，凡是成功的企业家，通常都具备以下五种能力。

1. 发现市场的能力

在转型时，如果看不清前景，企业就会停滞不前。但事实告诉我们，危机的背后往往存在着更大的发展机会。等形势完全明朗时，机会可能早已消失了。因此，在此期间，领导者必须精准地发现市场。这种能力是每个优秀企业家必须具备的。

2. 组合利用资源的能力

市场经济是以三优原则为基础的：优化资源配置、优势互补、优胜劣汰。

优化配置资源，就是将看起来毫无关联的事物进行重新组合，产生一种全新事物，让各种资源原有的价值得以提升。整合资源的前提是共赢、妥协、价值。如果整合资源的目的是利用或占便宜，那么，这个企业的发展一定不会长久。

最伟大的创新源于资源的创新组合！创新，是重新排列组合原有的生产要素和生产条件后，将其融入生产体系，继而逐渐提高企业竞争力，创造更大的价值，创造更多的利润，推动企业不断发展。资源是无法自动产生竞争优势的，要想把资源转化成核心竞争力，就必须对不同类型的资源进行有效整合。

3. 发现、使用和管理人才的能力

在这个世界上，只有不会赚钱的人，没有不能赚钱的行业！要想将事情做好，就要选用合适的人来执行。就像奥格威法则所言："仅仅雇用那些不如我们的雇员，公司将逐渐成为侏儒。如果雇用的员工总能超越我们本身，有朝一日公司就会成为巨人。"

4. 重视思想的力量

有人说："财富是思考能力的代表，只有正确的思考，才能带来财富；任何合理的行为，都必须依照正确的理论指导。"其实，企业家之间的竞争，从根本上讲就是思想力的竞争。想成功转型，就要重视思想力的提升。从一定意义上来说，营销也是价值观和认知的传递过程，因此一定要对员工和客户进行有效的教育。

5. 危机处理能力

现代企业就像是以每小时100千米的速度驰骋在跑道上的跑车，会不时地需要转弯，要想顺利通过这些弯道，就要依托两大关键点：发动机与刹车。给企业装上了高能发动机，还要懂得如何踩刹车——处理危机事件。在互联

网时代，信息的传播速度是异常快的，通过微博、微信朋友圈，一条对企业不利的消息会在很短的时间里快速升温，达到全媒体爆料的程度，所以企业家一定要具备卓越的危机公关能力。

第四节 企业家的四度空间

领导者要成功转型，最关键的还是领导力的转型！

2014年，华为成为全球电信设备巅峰企业。当年仅华为一家的盈利，就超过了第二名、第三名、第四名的总和。然而当华为誉满全球时，任正非却在公司2015年的市场工作会议上表示：华为还称不上"世界的领袖"。

华为的这一次登顶，无疑是公司转型的关键，无常、凶险如影随形，企业需要舵手，但任正非担得起领导重任。

1. 志存高远，一切向目标看齐

要问任正非领导力的核心是什么，毫无疑问，因为他给华为制定了一个清晰的目标——成就客户梦想，现实中的他的确也是这样做的。这一梦想是他天生的使命，也是华为的使命。他每时每刻都在想如何为客户创造价值，并通过一个个故事，不断告诉所有员工：华为员工的目标就是完成公司使命——提供通信技术，实现连接。

有了这个目标的驱动，华为在材料和耐用设备研发上积累了丰富的经验，也因此开辟了中东市场。

2. 愿景作驱动，灵活应变

任正非的激情，大部分都倾注于把目标化为愿景——让华为成长为国际领先企业。任正非始终坚定不移地要实现这一愿景，事实证明他的战略规划能力确实高人一等，公司面临任何挑战，他都能适当调整愿景。

3. 善于激发员工斗志

任正非认为，一个勇于艰苦奋斗的团队，需要每个员工斗志昂扬。而任正非正好擅长此道，他的这一人格特质一直被人称道。任正非很喜欢讲故事，他经常通过看似普通的故事，来传递个人理念、激发员工斗志。

4. 做人谦卑，做事果敢

任正非在领导华为追求梦想时，也清楚地认识到自己存在的不足，认为自己还有很多需要学习的地方。当人们谈起他的才能和特质时，他总是谦逊地表示：自己并没有很丰富的知识。很显然，他的这种谦卑的心态和基于追求梦想的强大执行力，都是华为成功的必要条件。

5. 指令式管理风格

在中国，我们的领导体制通常都带有浓烈的等级色彩，华为也大致沿袭了这种风格。但任正非有自己的特点，企业不是传统的"控制"。一方面，任正非常常对大小决策亲力亲为，这或许与他的军旅经历有关。他严肃且意志力强，决策权时刻把握在自己手里，在华为发展之初，他坚持以生存和奋斗作为华为的首要战略，正体现了他坚强的意志力。另一方面，任正非在执行决策上，给予员工最大的自由。因此，华为高层在作决策的时候，任正非更像"鲶鱼"，总是打破平衡局面，以激发组织的活力。如今的华为形成了"有限民主＋适度集权"的决策体制风格，既能避免个人独裁带来的弊端，又能防止过分民主导致的效率低下。

6. 合作共赢

华为的另一大特点，就是积极与竞争对手合作。通常，公司要发展都有两条路：主动出击——竞争；被动防守——合作。在华为发展的前20年里，为了生存，为了成为更好的服务商，华为主要采取竞争策略。然而在华为傲视群雄的今天，任正非选择合作，不是为了妥协，而是为了共赢。

7. 学习能力强大

任正非作为一个企业领袖，却坚持自我批判、慎思笃行。很多人都赞许他的一句话是：思考能力是最重要的。他口中的思考能力，不单指个人能力，还指华为的文化精髓。在任正非眼中，员工的智慧才是华为最宝贵的资产。

思考，可以让公司的思维创意连点成线，制定出更灵活的愿景和战略。任正非坚信，只有具备广阔的视野，才能制定出明智的战略决策。

任正非通过自己的故事告诉我们，企业要转型，必须让领导者先转型。要想让企业适应时代的变化，找到更有利于企业发展的经营模式，使企业在发展中提高效率、取得竞争优势，就需要领导者拥有与众不同的领导力，企业才能实现可持续发展。

众所周知，我国老一辈企业家都没有很高的学历，例如李嘉诚先生，虽然只有初中学历，但凭借优秀的个人能力和品质，通过勤劳奋斗，最终成为华商首领。可见，领导者的领导力对企业转型有多么大的影响。那么，一个成功的领导者应该具备什么样的领导力呢？成长速度＋人生宽度＋底蕴厚度＋对梦想的忠诚度（见图1-6）。

1. 成长速度

何谓企业家，不仅要把经营企业作为获取财富的工具，还要把经营企业看作毕生的爱好和事业追求。而商人则是为了赚钱或获取财富不分行业、不择手段、不顾社会伦理巧取豪夺的人；他们不值得我们来讨论他们的境界问

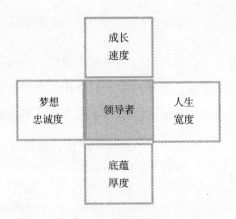

图 1-6　成功领导者应该具备的领导力

题，他们更应该自我反省人生的意义和价值。

　　企业家有着共同的特点：靠勤劳致富，有明确的企业家抱负和目标，坚持走正道，在某一行业领域历尽艰辛但百折不挠，并取得一定规模的成功、永不满足。稻盛和夫的成长经历告诉我们，真正伟大的企业家成长道路上会先后出现三种境界：走出混沌的境界—问道求真的境界—敬天爱人的境界。

　　（1）走出混沌。这个阶段是企业家自我探索的阶段，他们每天都在为企业的生死存亡而忙碌，在试错中成长，逐渐形成独特的商业模式和核心能力，在市场竞争中逐步确立自己的区域优势和制高点，企业逐渐走向可持续发展的道路。此时的企业家会产生一种走出混沌的感觉，进入一种全新的事业境界。

　　（2）问道求真。到了这个阶段，企业家一般都会建立起一定程度的物质生活基础，体验从未有过的物质生活。这时，他们似乎成了思想家，开始反思人生意义和价值，开始研究"活法"。

　　人生到底应该为自己"活着"，还是为他人"活着"？拥有一辈子都用不完的财富，还需要为他人的生存及幸福而操劳吗？企业家"活法"的选择，决定了企业家所能达到的人生境界。

许多企业家踏破铁鞋，问道五洲，可是无论是否顿悟，对人生意义及价值的思考如不能转化为对人类生存和发展的意义及价值的思考，企业家都无法走出精神的混沌状态。

（3）敬天爱人。这是企业家的最高境界！所谓"敬天"就是尊重自然、尊重科学、尊重法律和社会伦理；"爱人"就是办企业要造福人类，促进人类的进步和发展，要至善、利他。

只有达到这种境界，企业家所经营的企业才能成为世界级的企业；只有有了敬天爱人的员工，才能成就伟大的企业。也许你的企业不是最大的，但只要你和员工敬天爱人，正当盈利，你的企业就是最好的企业，你就是最好的企业家！

2. 人生宽度

格局是一个人的眼光、胸襟、胆识等心理要素的内在布局！"再大的烙饼也大不过烙它的锅。"烙饼受烙它的那口锅的限制，正如我们的希望和梦想，我们对未来的希望就好像这张大饼，是否能烙出满意的"大饼"，完全取决于烙它的那口"锅"。有这样一个故事：

三个工人在工地砌墙，有人问他们在干吗。

第一个人没好气地说："砌墙，你没看到吗？"

第二个人笑笑："我们在盖一幢高楼。"

第三个人笑容满面："我们正在建一座新城市。"

10 年后，第一个人仍在砌墙，第二个人成了工程师，而第三个人则成了前两个人的老板。

一个人的发展往往会受到很多因素的限制，其实"局限"就是格局太小，为其所限。谋大事者必要布大局，对于企业这盘棋来说，我们先要学习的不是技巧，而是布局。

大格局，即以大视角切入人生，力求站得更高、看得更远、做得更大。格局决定着事业发展的方向，有了大格局掌控了大格局，也就掌控了局势。企业经营犹如棋局，要学习的不是技巧，而是布局；格局大了，未来的路才能宽。

一个拥有大格局的领导者，对外能够服众，对内能够保持以大局为重的清醒，做出明智选择，统筹全局，运筹帷幄决胜千里。

3. 底蕴厚度

著名企业家万象集团的鲁冠球，是个农民出身的企业家。在同时代的企业家中，他的公司几乎是唯一一个经营了三四十年的企业。

记者问他，你为什么做得那么成功？他用九个字做了回答：有目标，沉住气，悄悄干。

鲁冠球将一个人成功做事情的心态和方法，用九个字全部说尽。

"有目标"以后，你才会知道"进"一定是实现目标的快乐，"退"一定是失败的痛苦。一个人有了目标后，最重大的标志是什么？他要实现这个目标的坚定信念一定是内化的，他会把这个目标变成生命的一部分，所以当发现一个人拼命地喊自己要做成什么事情的时候，几乎可以立刻判断，这个人是做不成的！

"沉住气"包括三个"有"：有信念，有激情，有耐心。

"悄悄干"则是说：不浮躁，不张扬，不到处渲染。到处渲染，到处张扬，是很难把事情干成的！

4. 对梦想的忠诚度

企业有企业的梦想，企业家有自己的梦想，一旦确立了企业的梦想和自己的梦想，企业家就要保持对梦想的忠诚。不管任何决策，都要围绕这个梦想来进行；任何偏离梦想的行为，都是不妥的！

第五节　五项基本功

企业家转型也有必要条件！

首先，优秀的企业家都是信奉"利他"原则的，整个企业的经营模式也是基于客户、员工需求来做的，经营人心才是头等大事，企业要能给所有利益相关者带来价值。其次，优秀的企业家必须把未来清楚地描绘给员工，并告诉员工你会带着他们走向哪里、得到什么，让员工心甘情愿地追随你。最后，优秀的企业家必然是居安思危的实干家，有想法和能力，推动企业通过不断转型和调整适应新的环境变化，使企业始终走在潮头，引领整个行业的创新和发展。

另外，企业家转型，就是不只当创业家，还要成为思想家、预言家、漫画家、演讲家。

所谓思想家，就是通过思考和理解，把问题想清楚、想透彻，形成一套独到的理论体系，并能梳理整合宏观经济形势、行业发展特点，整理出企业发展逻辑，而且能自圆其说，令人信服。

所谓预言家，就是以结果为导向，做出前瞻性的预判，能着眼于别人看不到的未来趋势，能在普通人之前感知并引领大家向前走，成功为企业引路。

所谓漫画家，就是能够把复杂的问题简单化，把众多零散的问题系统化，然后用漫画式通俗易懂的视觉语言表达清楚，使员工们一目了然，提升沟通的效率和效果。

　　所谓演讲家，就是采用演讲和沟通的方式，把领导者的预判和愿景向下层管理者描述清楚，使之明白具体原因或依据，了解实现战略或途径，这样人们才会更乐于追随你，一起努力完成目标。企业领导者的五项基本功包括演说、会议、自品牌、娱乐和圈子（见图1-7）。

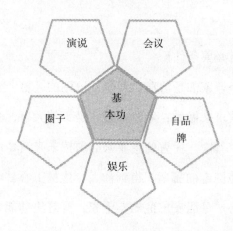

图1-7　企业领导者的五项基本功

1. 演说

　　演说就是当众讲话，是一个领导者永远不可避免的场景。无论是上台致辞，还是目标启动会，抑或是总结发言，或者是招商路演，都需要将自己的思想观点准确无误地传递到听众耳朵里，使之受到鼓励，感受到希望，俘虏听众的心。

　　一些伟大的领袖人物，从丘吉尔、马丁·路德·金等到知名企业家马云、俞敏洪等，他们无一不是在舞台上用演说传递领导力、传递梦想、传递价值观的高手。企业家在舞台上毫无激情、毫无重点的表达，会让台下的听众看不到合作的价值；在一次优秀项目路演的5~7分钟内，语无伦次，重点不突出，硬生生把金矿说成煤矿，最终会导致融资失败；在接受电台采访、参加大型活动的过程中，唐突而紧张的演讲，自然无法抓住机会展示企业的品牌。

站在舞台上，企业家要讲清楚以下几项：

第一，我是谁？我的身世，我的追求，我的价值观，我为我的企业代言。

第二，我们是谁？我们团队的优势，我们共同的愿景。

第三，我们的使命。我们为满足顾客的哪种需求而存在，我们为社会做出什么样的贡献？

第四，我们的愿景。我要带着我的团队去向哪里？他们跟随我能获得什么？

第五，我们的变革。我们经历了哪些挑战，我们如何克服挫折，取得胜利？

第六，我们和客户之间的故事。为了让客户满意，解决客户的问题，我们付出了什么样的代价？经历了哪些苦难，客户如何获得效率、快乐和产品？

2. 会议

通过会议可以统一思想、传递信息、凝聚人心、布置工作，会开会的领导可以最快速地调整员工的状态。电视剧《亮剑》中，李云龙和赵刚都是这样的高手，所以能带出一只战斗力很强的团队。

在我们身边，很多领导者会犯以下错误：

第一，乱开会。一直觉得各个会议主题系统性不够，团队高层身心疲惫。

第二，一言堂。从始至终一个人讲，消息、信息和沟通都是单向的传递，团队和高管和员工心中的心声得不到反馈，变成强权式教育。

第三，无准备。会上发言，没准备、没顺序乱说，随便说。

第四，无跟踪。会开过就过了，会上讨论的事情，无人追踪，导致会开了很多，落地的很少，有结果的更少。

在这里，我们可以参考三星集团的高效会议原则：

第一个原则，周三不开会。对于许多公司而言，开会一般不会考虑哪天是不宜开会的，而三星集团则确定了周三不开会，因为这一天，无论是员工的工作状态还是业务都处于最高潮，一定不能打断这个良好的工作状态。

第二个原则，会议时长1小时，最多不超过1.5小时。召开会议时，三星集团会将一个定量为1小时的沙漏放置在会议室中，严格遵守时间，施加了无形的压力。三星集团这么做也是有充分科学依据的，专家称，一个成年人集中精力的时间不会超过2小时。同时，为了避免闲谈，浪费会议时间，三星集团还采用了可以提高两倍效率的站立式会议形式，因为据说人的大脑最活跃的时候是在站立的状态下，并且是在确定了结束时间的时候。

第三个原则，将会议内容整理成一张纸。有时，会议结束了，必须实施的内容也就记不清楚了，因此，三星集团规定，会议内容要由专人整理好发给参会者和相关人员；同时，这份记录一定是一张简洁的纸。

同时做到以下两点：

第一，会前有准备。确定会议目标，确定会议主题，确定参会人员，确定会议时间，确定会议需准备的材料。参会者会前要提前知悉，以便更好地反馈和汇总信息。

第二，会上有规矩、规则。提前选定主持人，一个一个地发言。参会迟到的，打断会议进程的，要进行乐捐。董事长也要认真执行会议机制，会后有追踪，落实好奖惩。下一轮会议开始的第一件事情就是对上一轮会议的结果进行追踪，会议规划，将会议一分为二，月启动会、周总结会，周或月述职报告等。

同时，会议的主持人、操作人，必须具备以下3种能力：

第一，破冰点任何会议，只有在情绪高、心情好的前提下，才能够达到高效。

第二，切割，可以讲内容、流程、整体任务，分块分段，落实到人。

第三，提炼能力，各种会议都会有不同的反馈，要想避免矛盾，很重要的一个前提就是可以把不同的意见和声音汇总提炼，更接近问题的本质。

3. 自品牌

在互联网时代，领导者另一项非常重要的能力，就是自品牌的能力。

互联网和新媒体的出现，让企业家也成为风口浪尖上的人物，曝光率逐步提高，甚至有企业家和企业同时成为品牌的情况，例如，提到乔布斯，大家会想到苹果；提到马云，会想到阿里巴巴；提到雷军，会想到小米手机；柳传志等于联想，俞敏洪等于新东方，董明珠等于格力，史玉柱等于巨人……所以，企业家品牌的塑造和推广也是一项基本功，有很多企业家本身成了产品，例如《吴晓波频道》，宋鸿兵的《鸿观》，著名媒体人《罗辑思维》的创始人罗振宇，他们自身就已经成为产品。

未来，很多创业者也会通过视频将粉丝转化为自己的用户，将自己在用户和听众中的影响力直接变现，而这种商业模式已经日趋被市场客户所接受。企业家作为一个企业的领导者，不可避免地一定会成为这个趋势和潮流的一员。

企业家成为一种品牌，就要时时传递自己的价值观。有一次雷军接受央视2套采访，拿出自己的七彩虹电池和主持人分享。他从容淡定地告诉主持人，如果我都不爱我的产品，怎么能领导我的企业？

今天，市场上出现的马云视频、史玉柱传记、万达教材、松下心法，都是企业家品牌。当企业家已经变成一种产品，并跟其合二为一时，品牌的影响力自然就会提升；而且，传播途径也是多种多样的，还能随时随地传播。

企业家建立自主品牌，需要一些基础准备，就是"两微一视"——微博、微信、视频。然后，要有自己的材料库，材料库要准备人物介绍，要介绍自己的出身、自己的信仰、自己的价值观、自己曾经的成就、自己曾经身处的险境、自己曾经受到的不公平待遇、包括自己跌倒了又爬起来的故事；要有自己的生活、自己的爱好、朋友的、团队的和客户的等，要体现一个有血有肉的企业家。

同时，企业家也要注意，当自己成为品牌，自己的言行也直接影响自己的公信力，所以最好不要在微信朋友圈里骂天骂地、抱怨指责、传递负面信息。

一个企业家的自品牌，同样也需要八个"一"工程：一种价值主张、一组背书、一个舞台、一份讲稿、一个核心层、一组核心爆品、一组顾客见证、一套传播工具。

4. 娱乐

今天，笔者面对的大多是"80后"、"90后"员工，包括未来的"00后"，他们天生喜欢参与感，喜欢幽默的、有人情味儿的氛围和领导。看看《罗辑思维》你会发现：员工可以在办公室骑车，累的时候可以直接在办公室隔壁运动，甚至可以享受按摩。而我们今天的体验感，要给到员工团队，这是一个新时代对领导组的要求。

新生代员工需要的不仅是一个有事业心的领导，更是一个好玩儿的、有故事的、有意思的领导，是一个可以带着他们玩儿的领导。

很多企业家会反映"80后"、"90后"员工不好管，因为这个群体不是要被管的，而是要被带、要被影响的，他们是一个有创造力的群体、有思想的群体，但需要参与感、有话语权、个性需要被尊重，这就要求我们的企业家要有娱乐精神。

我曾经看到一位学员就把娱乐精神做得非常好，娱乐精神并不是很复杂，他们会在会议之前讲两个幽默段子，会经常组织员工参加运动会和竞技比赛，还会带着自己的团队看球赛、听演唱会，而且还会在办公室的门上标上不同的铭牌，例如，盘丝洞。甚至员工外出谈客户的时候，要在公司申请装备，客户级别越高申请的装备越好，这个叫作打怪。

当员工做技术难关，攻克合作研发受挫的时候，领导会带大家出去吃饭放松，称之为补血。每次活动、每次会议都会选出不同的主持人，让员工体会到舞台上的成就感；每次的颁奖嘉宾也都会用不同的员工，而不是领导。

这样的企业，就是有活力的、有娱乐精神的企业，会吸引更多年轻的、有创意的人才留在组织中。

5. 圈子

古语云：物以类聚，人以群分！不同能量级、不同层级的人会在不同的圈子里。

笔者做咨询服务的时候，遇到很多企业家说忙，因为他们奔波于各种酒场、会场、圈子，很多企业家经常炫耀自己的人脉有多好，其实人脉并不一定等于钱脉，你认识多少人不重要，多少人心里有你才重要。

著名企业家、蒙牛集团原董事长牛根生，第一次遇到海外资本狙击的时候，曾经得到柳传志等著名企业家的帮忙：5000 万元、1 亿元、2 亿元，这就是圈子的力量。当俞敏洪遇到股市风暴的时候，身边依然站着一群好兄弟慷慨解囊，挺住了他。

这样的圈子、这样的朋友，会让很多人羡慕。其实，圈子的本质是交换，能够得到的人，注定最初付出得多，同样，不是付出就会有结果，我们自身、我们的底蕴厚度、我们的内涵，包括素养，也决定了我们影响什么样的人。

企业家不是要混圈子，而是要通过自身素质的提升，去影响和吸引圈子的人成为我们身边最好的朋友。在这里，笔者建议，企业家要进有学习力的组织，因为有学习力的人，是正念、正思维的。

　　企业发展到不同级别的时候，我们可以进不同级别的圈子，如中国商学院、长江商学院动辄花费几十万元。当然，我们必须承认，投资额度的大小也决定了圈层的质量，所以提升自己的素质和内核，找到更适合我们的圈子是企业家开阔眼界、增长知识、整合资源的好途径和好方法，进入一部分优质的圈子，也是拓展渠道、进行社群营销甚至资本众筹的基础。

　　作为一个企业家，合理地分配时间，用好圈子、进好圈子、搭建好圈子也是领导力的一项重要基本功。

第二章　模式

模式的概念不仅是商业模式，还包括盈利模式、营销模式。

盈利模式是商业模式的基础，同时也决定了营销模式的应用。

很多企业过度关注商业模式，其实做好盈利模式是基础，明确自己的优势、主营业务、利润来源，才是关键。

商业模式强调竞争性，盈利模式强调基础性。

第一节　商业模式

　　商业模式作为企业生存的最基本要素，当下被创业者和风投者挂在嘴边。所有人都认为，选好商业模式，企业才更有可能成功。那么，到底什么是商业模式？

到底什么是商业模式？

　　和君咨询是亚洲最大的咨询公司之一，共有员工1500多人。从2000年成立至今，为数千家企业和政府客户提供服务，满意率高达98%。其商业模式以咨询为主体，以资本和商学为两翼，2012年获得《21世纪商业评论》颁发的"中国最佳商业模式奖"。2013年，和君咨询成为全球第一家获得国际管理咨询协会理事会（ICMCI）认证的咨询机构。

　　和君资本以VC、PE和PIPE的方式，专门为企业提供资金和资本运作的系统解决方案，为高净值人士或机构提供财富管理服务。直至今天，已经累计管理基金百亿元，投资了100多家创新企业、拟上市企业和上市公司。

　　和君商学以O2O的方式为各企业提供产业、管理和金融等方面的培训。属下控股或经营汇冠股份，"和君商学+汇冠股份"形成了"斯坦福+硅谷创新"新模式。

　　经济学家认为，商业模式是基于企业独特的核心竞争力，为实现客户价值最大化，高效整合企业内外要素和资源，形成一个完整的运行系统，在以最优形式满足和实现客户价值需求的同时，提供保持企业持续盈利增长的整体解决方案。

简单说来，商业模式是指导公司用哪些途径或方式来赚钱。例如，服装公司怎样靠卖服装赚钱，快餐公司怎样靠卖速食产品赚钱；快递公司怎样靠送快递赚钱；网络公司怎样把流量变现来赚钱；通信公司如何利用话费赚钱；超市如何依靠平台和仓储赚钱等。只要存在直接或潜在的盈利环节，商业模式就有存在的意义。

但是在创新频率如此高速的今天，经济全球化和互联网的迅猛发展，使得外界竞争压力不断增大，企业跟不上创新步伐，分分钟就会被淘汰出局。因此，创新商业模式就成了热点话题。

商业模式的创新，根本上就是创造企业价值逻辑思路的创新，它不但包括构成要素的创新，还包括要素间关系和动力机制的创新。通俗地说，就是为企业寻找更新、更好的赚钱方式。

要知道，在商品同质化日益严重的今天，对单一产品进行创新，很容易被复制。而商业模式则不同，它作为一套活动系统，很难被竞争者模仿和复制，即使竞争对手以更胜一筹的产品与之对抗，客户仍可能因为配套设施而留下来，这就是商业模式的作用。

近些年，在商业模式的概念满天飞的时候，企业家的大脑一直思考的是如何进行商业模式创新（企业战略体系与商业模式体系的区别见表2-1），创造出一种独特的、不可复制的模式。其实，回归到商业的本质，笔者认为，企业家思考商业模式创新的过程就是要通过不断实践，在经营的过程中逐步创造和完善，商业模式强调的是竞争性，让对手不可复制，强调的是在行业及市场上的控制力和对顾客价值及需求、独特的满足方式和实现形式，这并不是很多小型企业或成长型企业轻轻松松就能完成的。

每一个商业模式的创新过程，都伴随着技术和资本的应用，而且是很大的影响，所以，笔者建议企业要做好盈利模式，需要搞清楚的是，企业生存的基础性问题：我的主营是什么？我靠什么赚钱？顾客为什么买单？我如何把产品送达？

表2-1　企业战略体系与商业模式体系的区别

过去企业战略体系	现有商业模式体系
顾客：特定顾客	客户/用户：用户可能不付费
价值提供：产品/服务	价值提供：总价值：使用价值外加附加值
盈利模式：销售	盈利模式：第三方、免费
竞争力：稀缺资源	竞争力：连接资本、速度、口碑、参与度
独特性：固守自我，不求改变	独特性：跨界、平台

成长型企业商业模式的设计过程，往往要引入几个最核心的要素和资源，才能够实现。

（1）资本。商业模式能够落地实施的第一个关键是资本。借助资本的杠杆可以完成对核心人才的捆绑，对渠道的控制，对更极致的顾客体验的追求和实现，并形成速度优势，给对手形成门槛。离开了资本的介入，成长型企业想获得独特的商业模式是非常难的，因为任何商业模式都依赖于速度和给对手形成的门槛。

（2）组织。商业模式能够落地实施的第二个关键是组织。一流的创意，三流的执行，会失败；三流的创意，一流的执行就叫成功。任何好的商业模式都只是把一个构思变成结果，那么，如何获得客户，如何跟客户建立连接和联系，如何高效地完成最初的构思？

很多中小型企业不是设计不出模式，而是在模式的实施过程中，各个环节都打折，以至于到最后整个模式的落地效果很差，面目全非。当对手发现了或者找到了商业模式的核心秘密时，迅速执行、标准化，那么对手无疑就成功了。

（3）简单。商业模式落地的第三个关键因素较清晰。很多时候，大家在商业模式的创新层投入了过多的时间和精力，一个商业模式画布，一个商业模式流程图，半小时都解释不完，互相之间的连线关系相当复杂。须知，到目前为止，我们所看到的很极致的、成功的大型企业商业模式并不是非常复杂，例如，"刀片夹刀柄"的商业模式，"配电盘"的商业模式，"第三方金融"的商业模式等，都是对客户和参与者利益的放大，中间并不复杂。

商业模式，设计过程的3个关键点，要么宽，要么生，要么黏。"宽"的意思是，入口流量大；"生"的意思是，能形成产业链；"黏"的意思是，能跟渠道的客户和核心资源形成高黏性利益共同体。三者各占其一，则优势明显，如果流量不够，产业链尚未形成，或跟客户的黏性不高，那这个商业模式基本上会泡汤！

2005年，广东佛山区成立了一家只有12家店的连锁店——"哎呀呀"。当时，它还只是装饰品行业的一个"新人"。而这个名不见经传的"新人"只用了6年，就由最初的12家店，发展到如今的3000多家店，以年销售18亿元的总额以及25亿元的终端销售额，成功坐上饰品行业的第一把交椅。

在公司成立之初，董事长就确定了"快时髦＋平价连锁"的经营模式，并给公司制定了"建立环球最大的饰品连锁企业"的宏伟目标。为此，"哎呀呀"着重规划品牌建设，最终确立了轻资产、重设想、重品牌、重渠道的营销理念，公司重点抓品牌营销和商品研发，其他生产、物流、营业全部外包，有效地将生产企业、物流企业、特许加盟商、主顾的资本统筹整合起来。

"哎呀呀"旗下有一个时尚买手团队，分布在亚洲如泰国一些次要国度和地域。这个买手团控制着最前沿的潮流意向，将这些意向汇总到"哎呀呀"商品研发部，公司就可以设想出最适合海外市场的时尚饰品。

另外，"哎呀呀"非常注重团队培养，他们斥资建立了行业内首家品牌商学院，专门培训饰品批发版师，每年对学员投入上万元经营费用，按期为加盟商提供培训；不仅如此，"哎呀呀"根据中国经济成长的大趋势，配合"拉动内需"、"渠道下沉"，主力拓展刚性需求较弱的三四线城镇，以最低廉的售价销售时尚饰品。

这样，"哎呀呀"迅速扩充市场，成为中国饰品连锁行业的标杆品牌，同时也成为中国首个年销售额超过 10 亿元的饰品连锁企业。

所以说，"哎呀呀"的成功，合适的顶层设计功不可没。从"哎呀呀"的顶层设计，我们能发现这是一个系统工程，从产品研发、团队建设、员工培养到渠道扶持，每个环节都必须依照严密的逻辑，否则，就会造成环节脱落或实施不利，从而影响整个商业模式的正常运转。

任何企业进行商业模式的顶层设计，都是一项系统工程，从最初的设计构想到评议决策，再到接下来的管理、执行、监督、检验，每个环节都需要群策群力、通力合作。

2014 年笔者带领咨询团队在北方的一个小镇接到一个别墅项目。

距离百万人口的城市中心只有 11 公里，占地 700 亩。当时地产走势下行，常规地产项目采用的"电销 + 地推"模式已经无效，引入常规的商圈概念，结果也不行。

经过实地考察和半年的策划，我们咨询团队导入了四位一体的商业模式：温泉风水别墅、旅游观光农业、医养综合体、文化地产。项目初期，用股权众筹迅速吸纳了一批资源型核心股东，用别墅回购返租的方式提升了现金流，解决了当时地产行业卖不动的难题；最后，导入爆品模式卖微型别墅，针对不同的人群，实现了多元化销售。

顶层设计的商业模式对于项目经营、公司经营的重要性由此可见一斑！

当然，要具有系统性思维，严密的逻辑性至关重要。所以，顶层设计不但要把"终极目标"描述清楚（管理科学），更要明确告诉员工我们为什么能"获得成功"（管理哲学）；不但要采用合理的企业愿景与经营理念，更要掌握具体可操作的方法论。然后朝着发展愿景和战略目标，针对现实问题一步步提出系统严密、分工明确、步骤清晰的实施计划，并按需配置相关的人力、物力、财力等资源，使后续的执行、管理、监督和检验环环相扣，并然有序。

互联网思维下商业模式的四大逻辑（见图2-1），具体如下。

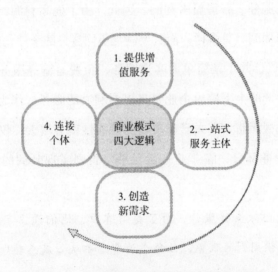

图2-1　互联网思维下商业模式四大逻辑

1. 提供增值服务

随着"互联网+"浪潮的兴起，各行各业都纷纷引入"互联网+"。这样，就给传统企业带来了巨大的冲击。面对"互联网+"的大趋势和大环境，传统企业领导者一定要跟上时代步伐，做好一切准备，适时调整自己的增值服务。

为了明确自己的核心客户群，星巴克进行了长期的市场调研，最终将其确定在25~40岁。因为星巴克发现，这一年龄段的客户平均每月都会来星巴克喝18次咖啡。为了吸引顾客来喝更多的咖啡，提高业绩，星巴克制定了相应的策略目标：增加顾客上门次数，让顾客每次停留得更久。

后来，星巴克还发现，喜欢带笔记本电脑来喝咖啡的年轻顾客越来越多，于是就在1000家门店为客户提供快速无线上网服务。顾客只要进入星巴克，就可以通过店内的Wi-Fi上网浏览、收发邮件等。

基础业务的目的是满足客户的基本需求，而增值业务的目的则是为客户提供更高层次的服务、获得更多利润。因此，为了提高利润，就要将增值服务做得更好、更周到、更多样；而且要满足不同客户的个性化要求。

所谓"增值"，并不是简单的客户服务、免费运输等服务；而是指在主营业务外，在生产的上下游给企业带来更多利润的服务。作为现代企业，如果对增值服务熟视无睹，失去已有市场的可能性就会增大。仅将自己的注意力集中在主体业务部分，除非业务量足够，否则实现利润的持续增长就是空谈。

衣蝶百货专门做女性服饰，为了赢得客户，他们设立了自己的服务策略——为用户提供周到的服务，让每个消费者都从心底感动！那么，他们是如何围绕这个宗旨进行创新的呢？

先在洗手间给顾客设置了令人惊喜的体验：每个卫生间，都摆放着高品质的护肤乳液和香精，顾客可以自由使用；洗手台安排有专职清洁人员提供服务，台面没有任何水渍；为了解决公共马桶坐垫不卫生的问题，还为顾客提供自动胶膜；为了满足女性顾客的需要，还提供卫生棉……这些创意都是其他同行非常少见的，因此更容易得到客户的信任和青睐。

2. 一站式服务主休

互联网带来的不仅是创新浪潮，更是一场声势浩大的革命。在"互联网＋"的国家战略驱策下，传统企业的互联网转型已经不可避免。

深圳腾泰翼主要为客户提供移动互联网产业链服务，经验丰富，有一个300多人的专业团队，可以帮助企业进行战略规划和实践，能帮助企业充分挖掘商业价值，实现利润的高速增长。业务范围主要有：高效整合多种资源，为企业提供商业模式咨询、设计用户体验方案、开发App、互联网运营推广等一站式服务。

如今，互联网革命已经将各企业推上了风口浪尖，不实现转型，企业的发展也就难以为继，只有具备互联网思维，认清情势、把握机遇，找到最适合自己的新型商业模式，才能获得发展的机会，由此，一站式服务顺应而生。

所谓"一站式服务"就是把企业的所有需求都整合起来，形成一个整体。只要从一点切入企业需求，所有问题都可以轻易解决。这种服务方式采用模块化操作，可以在很大程度上帮企业缩短App的开发周期，降低技术门槛、节省开发成本。

建立一站式服务要经过以下几个步骤：

第一步：选择一个既专业又靠谱的网络营销顾问。这个顾问必须掌握丰富的专业知识和多年的互联网经验。如可以找一家资深的网络营销策划公司，让其帮你筛选出最精准的群体。

第二步：让策划顾问和设计师进行沟通。给策划顾问一些时间，让他与资深设计师沟通，争取打造一个独树一帜的网站。做出效果图和方案后，只要和企业的设计理念、营销理念一致，就可以了。

第三步：打造优秀的建造程序。好网站也需要好的建站程序，如此，不仅可以让代码执行得更快，还可以让网站搜索引擎做得更好，使后台操作更简单。

第四步：具备营销型网站的条件。要想建立一站式服务，就要满足营销型网站的必要条件，如访问速度要快、图片吸引力要强、优势迅速展示、展示经典案例、彰显企业实力等。

第五步：找出适合的增值业务。要主动听取专业营销顾问的意见，筛选出适合企业的营销增值服务，如在线客服、视频客服代言人、全国免费400电话、腾讯企业邮箱等。

第六步：和专业顾问有效沟通。只有和专业顾问和企业网站负责人进行有效沟通，才能提高网站转化率，更好地满足精准客户的需求和访问习惯。

第七步：网络营销推广方案的制定。由企业或营销顾问拟定一份网络营销推广方案，具体实施细节双方共同商定。

3. 创造新需求

商业模式的出发点是，为顾客创作价值，满足顾客需求。要想创造新的需求，可以从以下几方面做起：

（1）明确客户主张。一定要清楚：客户到底想要什么？管理大师德鲁克曾说："企业的目的不在自身，而在企业之外，在社会中，这就是造就顾客。顾客决定着企业是什么，决定着企业生产什么，决定着企业是否能够取得好的业绩。顾客的需求是潜在的，企业的功能就是要通过产品和服务的提供激发顾客的需求。"

（2）合理利用平台。在搭建网上职场交流平台时，LinkedIn 的用户定位非常精准。从表面看，它是给职场人士提供了一个相互关注和交流的社交平台，但其作用不仅如此。用户不仅可以在其中发布自己的动态，还能将其看作一个商业社区，寻找潜藏在其中的商务合作机会。

这种商业模式的内在逻辑是：用户虽然是特定的，但需求是多元化的，互联网打破了时间和空间的界限，可以帮助他们建立一个包含人际社交和商务合作在内的新"生态圈"。在这个生态圈里，就可以实现一对一的精准沟通；同时，营收主体也可以从个人用户延伸到企业用户。

（3）不断培养创新意识。如今很多企业都想树立自己的品牌，可是要做到这一点，就必须树立创新意识。首先，产品设计充满了不确定性，模仿他人，是无法对造型法则和设计意图做出准确分析的，即使参考这些做出了设计，也无法达到创新的要求；抄袭他人的设计元素，只能使自己的产品设计简化、产品质量低下。其次，靠模仿得到的产品，只会激发起用户一时的不理智消费心理，缺少自己的品牌理念和整体设计规划，仅简单地模仿，企业品牌是无法深入人心的。最后，整天想着模仿他人，自己的产品风格自然无法延续，不利于品牌的长远发展。

（4）持续不断关注消费者需求。当今市场，消费者的很多需求还没有得到满足，需要更多充满创意、符合实际需求的产品与服务。要想转型成功，就要不断关注消费者的需求，积极与同类企业交流沟通。

通常，消费者不会购买同一个品牌的所有产品，如果想提高销量，厂商之间就要多多合作，无缝沟通，充分满足消费者的需求。只要努力挖掘消费者的需求，抓住新商机的机会就会增多，就能为企业的发展带来新机遇。

4. 连接个体

如今，生存世界已经变成了一个数字化的信息旋涡。互联网的迅猛发展，不仅改变了我们的生活和工作方式，也进一步影响了企业的品牌建设和营销模式，更改变了消费者与品牌的沟通方式。今天的品牌已经离不开互联网，不转换思路，不用新视角研究消费者，必然会面临互联网时代的巨大挑战。

看似不起眼的打车软件 Uber，却颠覆了我们对互联网商机的想象极限。

从表面上看，Uber 只不过是一个方便司机和乘客达成交易的打车软件，但它在精准设定目标客户的基础上，依靠技术和大数据，很好地实现了自动筛选分配、定时到达；同时，还凭借不同车型体验形成用户区隔，建立起一个特定的"生态圈"。

在这个生态圈里，用户不但可以享受打车、租车等服务，还能享受快递、送餐、代驾、人才招聘和面试、约会等服务。Uber摆脱了虚拟网络的制约，为线下面对面的交流创造了沟通机会和变现可能。

仔细研究就会发现，Uber的商业模式逻辑将每个个体作为移动互联网的终端，让每个人都成了服务的提供方和产生营收的主体，为企业带来了无限可能。这一点值得各企业借鉴。那么，连接个体时代，企业该如何应对呢？

（1）根据客户的需求生产产品。在新营销时代，企业不仅要主动让消费者参与价值的创造，还要积极主动地与消费者进行互动，多留意他们的意见。例如，建立一个专属的网络互动社区，向用户征集产品创意，鼓励他们积极对新开发产品投票，多方收集消费者的需求反馈。

2010年8月，棒·约翰比萨发起了"挑战比萨"活动，并发布到Facebook上。

活动的主要内容是：用户设计一款别具一格的比萨，首先，由公司掌门人和专业品味师精心评选，选出前三名；其次，按照新比萨配方制成成品上架出售。销量最好的比萨，提供食谱的人不仅可以获得奖励——该款比萨1%的销售额，终生免费食用棒·约翰的比萨，还有机会出现在棒·约翰的电视广告中。

借助Facebook的超高人气，棒·约翰很快就吸引了众多用户。这个活动不但为棒·约翰节省了设计新口味比萨的成本，还获得了最受顾客青睐的新款比萨，更为棒·约翰赚足了人气，可谓一举多得！

互联网时代之前，企业完全可以自信地说，"我生产什么消费者就买什么"！但如今，市场供需现状已经变成"消费者想买什么，我才生产什么"。任何一家企业都可以建立一个平台和社区，让消费者参与到产品的设计中来。不断收集消费者的智慧创意，通过各种激励手段提高消费者的兴趣，不但能拉近品牌与消费者的距离，还可以使消费者成为价值创造者。

（2）让营销更加精准。在信息高度聚合的今天，消费者也逐渐被深度细分和聚合，广告主可以更加精准地锁定目标受众。过去那种低效的、强制性的硬广告必然会被淘汰；未来的广告，在大数据分析的基础上，完全可以依据受众习惯与喜好来制定，让受众看到自己想看的广告。

两大要素决定成长型企业的资本结构（见图2－2）。

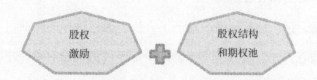

图2－2 决定成长型企业资本结构的两大要素

1. 股权激励

这里有一份华为的股权激励方案：

公司组织形式：华为技术有限公司为有限责任公司（非上市公司）。

目前股权结构：华为投资控股有限公司持股100%。其中，工会委员会持股98.7%，任正非持股1.3%。

激励模式：虚拟股票。股票持有者可以享有分红权、净资产增值收益权，不享有所有权、表决权。在职期间不能对虚拟股票进行转让和出售；离开企业后，股票会被华为控股公司工会回购。

激励对象：只有公司承认的"奋斗者"才能参与股权激励。

授予数量：华为对每个级别的员工都采用"饱和配股制"，达到上限后，将不再参与新的配股。最高员工职级是23级，通常在企业工作3年并达到14级以上的员工，每年都可以获得数万股；更资深的18级员工，最多可获得40万股左右的配股。

授予次数：只要业绩达到要求，激励对象每年都可获准购买一定数量的虚拟股票，直到达到持股上限。

授予价格：2001年后，股价按公司净资产值确定。华为没有公开具体的股价计算方式，相关股票净资产的计算可参照毕马威公司的审计报告。

回购价格：员工离开公司时，华为公司的工会委员会会按照当年每股净资产的价格回购虚拟股票。

股权激励，是一种常见的激励员工方法。通过这样的激励，可以更好地激励和留住核心人才。当然，只有满足一定条件的激励对象，才能获得部分股东权益，才能成为企业的利益共同体。此外，股权激励还有很多种方式，常见的主要三种：直接持股；股权激励；员工持股计划。

随着企业的不断发展，能力强、业绩好、有责任心的员工就会逐步升迁、被纳入核心层；有些空降兵，如CFO等，也会在企业后续的融资上市过程中给企业带来资本的增值……这些人都应该逐步被纳入股权激励范畴。同样，因能力、家庭、个人愿景等原因，有些员工会跟不上企业的发展节奏或直接离开，这时候就要确立一套明确的股权退出机制。

（1）明确企业发展阶段。设计股权激励的时候，就要清楚地知道企业目前的发展阶段。发展初期，团队一般都比较小，这时候无须进行股权激励，不过也可以直接把股票分给和自己一起创业的人。如果公司已经进行了股改、挂了牌、做了市，产生了交易，就可以用发行股票期权或者限制性股票来进行股权激励。

（2）看看公司有无资格。虽然很多企业都想实现股转，但也要看看周围的环境是否允许、自己有没有资格。中国多层次资本市场是由证监会管理的，当企业还没有规定的时候，最好以证监会关于上市公司的规定作为参考。

（3）明确激励对象资格。一般而言，上市公司的股权分配对象有上市公司的董事、监事、高级管理员、核心技术（业务）员，以及公司认为应当给予股权激励的其他员工。

有位老板问笔者："我能不能将自己的专职司机纳入'核心层'？"

笔者回答说："当然可以，你想纳入谁都没关系。话虽这样说，但还是要按流程来做。具体流程就是：第一，得到董事会提名。第二，听取独立董事和监事会的意见。第三，经过股东大会批准。另外，如果公司有员工组织，如员工代表大会、工会等，还要经由他们批准，要在公司内做出公示……经过这个流程，任何人都可以成为企业的核心层。"

笔者说完后，这位老板想了想说："还是算了吧！程序太麻烦，而且说出去也不好听。"

（4）期权和股票的选择。企业挂牌上市、进入交易阶段后，经常会遇到期权和股票的选择问题。其核心问题就是，现在要不要出钱？期权，就是给激励对象一定的权力，只要满足某个条件，对方就可以拥有某些权力，不需要现在出钱；限制性股票则是打折卖给激励对象的，对方现在就可以拿到股票，但要自己出钱。

（5）数量和预留问题。上市公司在发行股票时，通常都会做出非常清楚的规定：总数量不能超过发行股份股票总额的10%，发给单一对象的不能超过1%。如果企业比较小，就要考虑这些问题了。

同时，还要注意一个问题：用不用做预留。在公司规模小时，股权激励的是团队；当企业获得发展后，就需要吸纳更多的新鲜血液，缺少预留或之前发给员工的股权激励太多，无法给新人派发股权，股权激励就无法发挥作用了。因此，股权激励要呈台阶状，既要考虑现在的团队贡献，也要给未来的贡献者留一点。

（6）持股平台。对于中小型企业来说，选择合适的员工持股平台很重要。在这个平台上，企业可以激励对象进行约定，更可以和有限合伙进行约定。

（7）股票来源。一般来说，直接持股对增发没有限制，但对持股平台却有着众多限制。但在没有股权激励管理办法时，期权只能选择增发，而增发则有很多限制，如人数为 35 人、未来是否会放开等。

例如，汽车维修服务机构一直面临的问题有技术门槛高、人员流失严重、高毛利低净利、应收账款多。通过单店股权众筹及全员持股计划，可以将优秀的员工和技术人员的心定在企业里，有效解决掉人才流失和运营成本偏高的问题，更好地激发员工的主人翁精神，逐渐提高客户的满意度、经营效率和品牌影响力，促使企业规模不断扩大。

2. 股权结构和期权池

在解决股权结构的问题上，海底捞就是一个成功的案例。

1994 年，4 个年轻人在四川简阳开了一家只有 4 张桌子的小火锅店，这就是海底捞的第一家店。张勇和其他 3 个人凑了 8000 元，4 人各有 25%的股份。后来，4 人分别结为夫妻，两家各占 50%的股份。

在公司发展到一定阶段的时候，张勇认为，其他 3 个股东已经不能适应企业的发展，劝他们离开公司，只做股东。张勇的妻子是第一个离开的，接着施永宏的妻子也离开了。2007 年，海底捞进入快速发展阶段，施永宏离开企业。在施永宏离开时，张勇以原始出资额的价格购回了施永宏夫妇手中 18%的股权。如此，张勇夫妇就以 68%（超过 2/3）的绝对控股权成为海底捞的最大股东。

看到张勇能按 13 年前的原始出资额价格回购另一大股东 18% 的股权，很多人都感到不可思议。但是，施永宏却说："公司的事一直都是他（张勇）说了算……现在，虽然股份少了，但赚的钱却多了，而且我也清闲了。他现在是大股东，自然会更操心，公司会发展得更好。"

面对股权结构不理想的问题，海底捞以一种大家都想象不到的方式解决了。之所以会出现这一结果，主要就在于，一开始就形成了以张勇为主、施永宏为辅的结构体系，形成了"张勇是核心股东"的事实。当然，这也离不开施永宏的忍让、大度和豁达。

那么，究竟什么是股权结构呢？所谓股权结构指的是，在股份公司总股本中不同性质的股份所占的比例和相互关系。股权，就是股票持有者具有的与所持股票比例相应的权利和责任。通过股权，股票持有者可以展现自己的股东地位，对公司行使自己的权利。

股份公司的治理结构通常是以股权结构为基础的，股权结构是里，治理结构是表。股权结构决定着企业的组织结构，影响着企业的治理结构，并最终决定着企业的行为和绩效。

在企业业务和规模不断扩张的同时，为了稀释股权、实现融资，必然需要与投资机构和资本市场对接。企业在上市前，通常要进行 3~4 轮融资。

（1）创始阶段的"415 规则"。所谓"415 规则"就是，在企业创始阶段，原则上要保持 4 个创始股东、1 个控股大股东、大股东掌握 50% 以上股权。如何理解呢？

创始股东过多，必然会提升利益和沟通成本，这样非常不利于后续资金投入。只要有一个带头大哥，平衡好个人利益、股东利益、公司利益，令众人信服、持续追随就可以了。

50% 以上的股权，可以从法律上保证大股东对企业所有权和决策权的控制。平均分配股权，是最差的一种股权结构。对于企业来说，每个合伙人做出的贡献是不一样的，股权均等会使股权与合伙人的贡献不对等。

合伙创业不仅需要情怀，而且需要对经济利益的追求。项目没做成，还好说；如果赚钱了，每个人的心态都会发生变化，很多问题都会暴露出来。

（2）种子期和天使投资。在企业的种子期，通常会吸引一些天使投资，有些投资者则在企业刚创办时就进行了投资。通常，前期企业的估值都比较低，融资数额也不会太大，但可以获得最高占比，一般是 15% ～35%，最好不要超过 40%。否则，会严重挫伤创始团队的动力和激情；而且，后续的几轮融资还要不断稀释股权。

（3）业务快速扩张期。当业务和规模迅速扩张时，企业就可陆续引入风险投资（通常以半年或一年为限），不断推进企业的 A 轮、B 轮、C 轮、D 轮融资。

随着估值的不断攀升、融资额度的不断扩大，股权释放比例会逐步降低，一般会从 20% 降到 5%；而且，企业上市后，还要向公众投放一次股权。一般来说，创始团队在上市前的股权比例应控制在 50% ～60%；上市后，创始团队的股权比例则要控制在 34% 以上。

引进外部机构投资时，为了激励和招徕优秀人才的加盟，企业要建立期权池。这部分可以由公司创始大股东代持，根据公司的上市进程和业绩，每年兑现一部分。不过，目前多数公司在期权池操作上都不太明确，股权、期权的激励模式既不明确又不公开，纠纷和摩擦不可避免，无形中加剧了企业内耗。

（4）期权池概念以及影响设立的因素。

有家初创公司××，公司估值 600 万元。为了加快企业发展，创始人 A

决定引入风险投资，风险投资拟投资 300 万元。入资时，风险投资与该公司达成增资约定：××公司需要在股权摊薄后拿出 10% 用于激励公司核心团队。最终，公司股权结构为：A 持 60% 的股份，风险投资持 30%，员工持 10%。经××公司股东大会、董事会研究决定，同意建立期权池，对员工实行股权激励。

所谓期权池，就是企业在融资之前，给将来引进高级人才预留出的一部分股份。如此，就可以很好地避免新的高级成员加入后要求股份会稀释创业团队股份的问题。例如，企业融资前的估值是 600 万元，风险投资是 400 万元，创业团队就持有 60% 的股权，风险投资持有 40%。这时，创业团队会把自己股份的 20% 预留出来给未来的高级人才。

期权池的作用不可忽视，当然在设立期权池的时候，有些问题也是需要注意的：谁来出资设立期权池；如何使期权池成为公司股东；如何解决期权池的注册资金和增资资金问题。

第二节　盈利模式

传统企业的盈利模式通常是成本由自己出，收入来自客户，也就是产品提供给谁就向谁收钱，但成本和收入都可以延伸和拓展，可以配置给不同的利益相关者，例如，收入可以来自直接客户，也可对直接客户免费由第三方支付，也可以同时向直接客户和第三方客户收钱；成本可以由自己承担，也可以由第三方承担，或者把可变成本降为零，把这些项目组合起来就会有不同的盈利模式，所以盈利模式回答的是收入从哪里来？成本从哪里出？怎么收入？怎么支出？

图 2-3 中是我们列出的 36 种盈利模式，能否从中找到自己企业的影子？

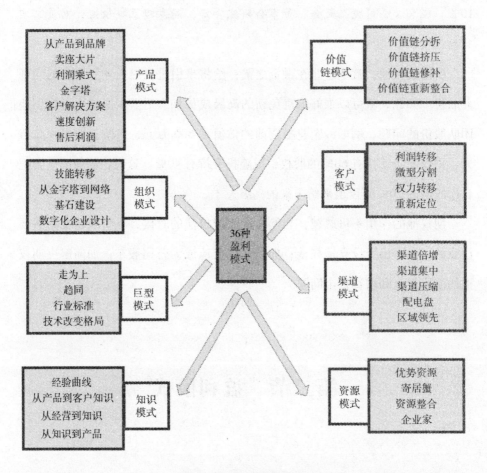

图 2-3　36 种盈利模式

盈利模式主要关注的就是交易定价，而商业模式的范畴要比盈利模式丰富得多，它涉及交易对象、交易内容、交易方式等；商业模式探讨的是整个交易结构，盈利模式主要探讨跟定价、跟成本和收入相关的部分，盈利模式是商业模式的一个重要组成部分。

1. 盈利模式的加速运作

如果有更多人帮你的顾客赚钱，你的顾客将更愿意来买你的东西，如果有更多人帮你支付成本，事情就能做得更好，如何运作这样的盈利模式呢？先掌握这个盈利模式的关键词。下面，我们就来谈几个跟盈利模式有关的基本关键词：第一个叫作主营业务，第二个叫作锁定客户，第三个叫作盈利点。

绝大多数公司现在的主营业务都只是为了锁定客户，之后才来寻找更多的盈利点，例如，QQ、MSN 的主营业务都是聊天，那么聊天要不要钱？不要！他们是用聊天来锁定客户，然后再创造盈利点，QQ 就是用游戏等赚钱。再如谷歌、百度的主营业务是搜索，而搜索也是不要钱的，只是用它来锁定客户，盈利靠的是广告等业务。

一般物业管理要收费，可是深圳花样年华公司的物业管理就不收费，他用免付费的主营业务锁定客户，等客户住进来之后，再通过给孩子送餐、给老人送饭、带孩子上学、给家庭洗菜、切菜买菜等创造更多的盈利点。再如，汉王只卖电子书阅读器，但下载书是要付钱的。

2. 盈利模式设计

对于企业来说，所谓的盈利模式设计，就是收入从哪里来？谁帮企业支付成本？

企业盈利使用的公式是：盈利 = 收入 - 成本。盈利，取决于收入和成本两个变数。

概括起来，收入来源大概有 3 种：直接顾客、直接顾客加第三方顾客、第三方顾客；而支出的成本共有 4 种情况：第一种是企业自己支出；第二种是企业和第三方伙伴一起支付；第三种是企业不背负成本，由第三方伙伴来支出；第四种是可变成本，企业没有固定资本，也能把事情做起来。这样，就出现了 12 种可能的盈利模式。

第一种，pm0，顾客是我们的。

这种情况非常多，大部分餐厅、工厂都属于这种情况，例如，来用餐的顾客付钱，老板自己承担成本。如今，有一家异军突起的餐饮打破了所有人对传统餐饮的认识，它出名不是靠口味，而是靠变态的服务。这家餐饮就是被几乎所有营销人士搬上解剖台进行深入研究的海底捞。

通常如果一家餐厅人气爆棚，一定会有多大面积就放多少张桌子，能容纳的消费者越多越好。但海底捞不同，相比就餐部分，它似乎花了更多的心思在安抚等待翻桌的客人身上。

除了想出各种手段来挽留客人，海底捞对于员工的忠诚度培养也是颇费心思的。海底捞靠服务起家，离顾客最近的底层员工，自然就像海底捞繁多的神经末梢，细微却异常关键。为了留住员工并激发他们的服务热情。海底捞编织了一种简单、下倾的组织结构和一套所谓"双手改变命运"的晋升体质。他们将底层员工从低到高分为实习员工、二级员工、一级员工、标兵、劳模和功勋六级。薪水和权力随级浮动。海底捞的每一份业绩和成就都能反映在他们的福利与薪资待遇上。晋升是很简单而快速的。

第二种，pm1，第三方顾客付钱，可成本是企业付的。

这种情况现在越来越多，例如顾客在使用某银行信用卡的过程中积累了无数消费点；当顾客有了消费点数，就会把这些点数换成某家餐厅的消费券；例如，顾客兑换了100元的消费券，当顾客到餐厅吃饭时，抵付100元消费券即可，也就是等于银行帮你付了100元。

2010年末，康师傅欲提价逼宫沃尔玛的事件闹得沸沸扬扬。几乎所有消费者的第一反应都是叫骂康师傅拼命抬高小老百姓生存成本的恶劣行径。其实康师傅也可怜，后来从康师傅的官方发言中我们也大致弄清楚了情况，事件缘于家乐福的提高销售返点。在此次事件发展中，最出人意料、却又在情理之中的是康师傅同业者的反应。他们作为渠道商的受害者、康师傅受难的得益者却心照不宣地保持了沉默。

对于大卖场来说，不怕少你一个供应商，你的下架不会对卖场生意造成冲击，不会对行业造成损失，甚至不会给消费者造成任何不适。供应商与其梗着脖子和卖场叫板，不如为下一次涨价做好产品升级，因为你不是QQ，也不是360，连两败俱伤的资格都没有。

第三种，pm2，第三方顾客是收入来源，且自己要付利润成本。

在飞机上看杂志是不用给钱的，杂志的成本由谁付？航空公司。杂志的收入来源是什么？广告！通过广告的部分成为收入来源，这个是片面的方式。

2005年北京时间7月13日晚10点30分，分众传媒成功登陆美国NAS-DAQ，在美开盘交易，1小时内的成交量高达200万手。成为海外上市的中国纯广告传媒第一股，也是纳斯达克中国上市公司龙头股。

2011年第三季度，分众传媒税前总营收达2.29亿美元，主营业务同比增长53%，创历史新高。尽管2011年底，分众传媒被浑水公司"诬陷"涉嫌做空机构，发行概念股，但很快被行业人士证实是浑水公司子虚乌有、借机炒作，这一闹剧反倒说明分众传媒树大招风，从侧面坐实了它强悍的实力，而分众传媒所打造的生活圈、媒体群正日益成为中国都市生活中最具商业影响力的主流传播平台！

第四种，pm3，企业和第三方伙伴共同承担成本，顾客直接付钱。

这种情况也很多，例如，中国香港机场的16号登机门（现在撤掉了），以前有一个美容沙龙，所有耗材老板都不用花钱，为什么呢？因为这些用品是第三方伙伴免费提供的，给这家店无限制使用，前提就是在他们店里做一个小小的招牌。机场每天那么多人进出，对他来讲，开这家店的成本有人员、租金、设备、耗材，而耗材的部分是第三方伙伴帮付的，可是收入来源是直接顾客，因为顾客进去做头发还是要给钱的。

海澜之家是20世纪末21世纪初非常著名的男装品牌。它几乎可以满足所有中高阶层男士的着装需求，款式和品类之广泛，各级专卖店供货之迅速、统一几乎是当时任何一家男装品牌都难以企及的。它是超人吗？当然不是，但它设计了一套在当时来看非常棒的盈利模式，这个盈利模式在每一个成本发生环节都帮助它由合作伙伴共同承担。

首先，海澜之家的产品中有80%都是第三方供应的。货物归属海澜之家，供应商依靠海澜之家提供的IT化工具监控货物销售情况，及时补货，获取高达20%~30%的利润，而销售成本和运营风险全由海澜之家承担。

其次，海澜之家发明了一个叫托管式加盟的连锁模式。只要你支付规定数额的加盟金，负责房租、装修和人员工资，你就可以做个甩手掌柜，获得毛利35%~50%的分成。

第五种，pm4，企业和第三方伙伴一起付钱，直接顾客跟第三方顾客是企业的收入来源。

夏天去餐厅吃饭，会遇到很多促酒小姐，衣服上写着青岛啤酒、百威啤酒等字样，促酒小姐的工资成本毫无疑问由酒商负责，企业跟第三方伙伴共同承担成本。可是，吃饭的顾客是自己付费的。

张江高科的创新园又称上海民营企业孵化器。原来张江有个很大的基地没有投入使用，于是给第三方两年的免租期，要求只有一个，招商。第三方先出资把这个基地装修了一番，并配备类似跨国公司总部式的硬件条件。但自己不出装修钱，找人投资装修，好处就是可以入股未分成租金。接着，第三方开始招募很有潜力的初创企业以低廉的租金入驻。当企业进来后，第三方开始与政府谈，为入驻企业争取政策支持和资金补贴，其从每笔资金中提成8%，或者折成股权，当风险投资进入，再折成现金退出。于是，张江高科很快变成新能源孵化器、创意文化产业孵化器和绿地孵化器的大载体。

第六种，pm5，企业跟第三方伙伴共同承担成本，顾客通过信用卡享受直接招待。

当顾客积累信用卡积分值到一定程度的时候，也不用自己付钱，会有企业招待顾客，三天两夜酒店住宿或者多长时间的机票一张等，总之都是第三方伙伴帮企业付了成本。

企业发展到一定程度，都希望风险投资介入，助力自己快速规模化发展。在这里，企业看中的不只是风险投资的资金帮助，更有经验指导和实力支持。

投资机构愿意投资一家企业，出发点一定是建立在企业的成功之上的，你必须在行业内出类拔萃，未来盈利能力能够跻身三甲。如果你只是行业平均水平，风险投资机构是不会关注到你的。另外，他们也非常注重你企业的运行效率，因为时间就是金钱。

风险投资机构一般会在企业发展的拐点进入，他们需要企业有一个很好的容易复制的盈利模式，在未来得到很强的扩展和增长。他们偏好高风险项目，追逐高风险隐藏的高收益，意在管理风险，驾驭风险。

当企业一切走上正轨或者无法挽回后，风险投资最终将退出风险企业。虽然风险投资投入的是权益资本，但他们的目的不是获得企业所有权，而是盈利，是得到丰厚利润和显赫功绩后从企业退出。

在做出投资决策之前，风险投资家就制定了具体的退出策略。退出决策就是利润分配决策，以什么方式和什么时间退出可以使风险投资收益最大化为最佳退出决策。

第七种，pm6，直接顾客是企业的收入来源，但是企业不负担成本，第三方伙伴帮企业负担成本。

2010 年，上海迎来了全球瞩目的经济盛事：世界博览会。世界博览会确立了"城市让生活更美好"的主题，根据规划，在世博园区红线规划范围内，除建大量新式建筑外，近20%的老建筑将予以保留；200万平方米的总建筑面积中，老建筑再利用面积为38万平方米。其中包括上海开埠后建造的优秀老民居和见证中国工业发展进程的工业遗产。改建后主要用于展馆、管理办公楼、临江餐馆、博物馆等。

此举既为大幅度降低建设费用，也想借此完成从工业厂房到博览业的转换。而海内外最为关心的江南造船厂，将在世界博览会后再度"变身"，改建成中国近代工业博物馆群，作为上海城市的一个新亮点，永久保留。

第八种，pm7，第三方伙伴承担成本，可是购买的人是直接顾客及第三方顾客。

冯小刚不是出资人，而是品牌导演。20世纪90年代他就已经很火了，演员卓越，台词犀利，故事节奏感强，画面精致，是电影圈的票房集结号。只要是他导演的电影，不管影评如何，都不必担心票房。

正因为这样，冯小刚的每一部电影都有幕后投资人出资，有大量广告主拿着钞票抢着赞助，以求随便给个镜头还是台词。冯小刚的巧思妙想能把每个赞助商都以令人印象深刻的方式植入观众心里，而且投资商知道，冯小刚的每部电影上映后，不论精彩与否，都会有大批影评人争相评论。

第九种，pm8，第三方伙伴帮企业承担成本，同时第三方顾客又是企业受益者。

湖南卫视开始做超级女声的时候，蒙牛提供了赞助，所以超级女声冠名蒙牛，这样蒙牛就是湖南卫视的第三方伙伴。对湖南卫视来说，就免去了制作的成本，而且看电视的观众也不必给钱，给钱的是在这个活动上做广告的人，在此过程中，蒙牛承担了制作费用、冠名费和广告费。

第十种，pm9，零可变成本。

诺基亚，上一个全球手机王者，却在短短几年，被苹果搞得几乎无翻身之力。这是为什么呢？

在苹果手机出现以前，诺基亚有自己特有的系统，想要分一杯羹的开发商必须围着它转，开发只适用于诺基亚用户的产品。但是苹果不一样，苹果花了几年时间开发了一个全新的开放式平台，让各种厂商可以在平台上自行开发软件，让消费者付费下载，再与苹果分账。

这么做对开发商来说有两个好处：一是更灵活的方式大大缩减了研发成本和时间成本。二是零门槛。开发商不必为试用苹果平台预先支付任何费用，对于创企业，这是一次很好的机会，对于大牌企业，这是一次没有成本的营销。这种模式非常成功，苹果在平台开放后第1年就有2亿多美元的收入。

第十一种，pm10：企业零成本，而回报却数以亿计。

360在进入市场的时候，瑞星、金山已经分定天下，360就免费提供杀毒软件，短时间内收获1亿多用户。虽然用免费得到了杀毒市场上的完胜，但360自身却有巨额亏损，那么怎么盈利呢？推出了第一个盈利产品——360导航。360压根儿没想从消费者身上赚钱，它要通过绑定消费者吸引更大的金主——广告商。今天团购这么猛，电商这么凶，连传统企业也对互联网热情澎湃，360导航自然水涨船高。客户都拿着钱排队上导航。而360的成本就是几个分析流量的技术员，盈利却是广告费＋流量点击费＋订单提成。

第三节 营销模式

营销的进化卷轴：从营销1.0到营销4.0！

1. 营销的进化

战略性的营销思想在过去 50 年发生了巨大的变化，最近在东京的世界营销峰会（World Marketing Summit）上，营销之父菲利普·科特勒博士将其中标志性的思想贡献结合西方市场的演进分为以下七个阶段，分别是：战后时期（1950~1960 年），高速增长时期（1960~1970 年），市场动荡时期（1970~1980 年），市场混沌时期（1980~1990 年），一对一时期（1990~2000 年），价值驱动时期（2000~2010 年）以及最近 5 年所产生的价值观与大数据时期（2010 年至今）。

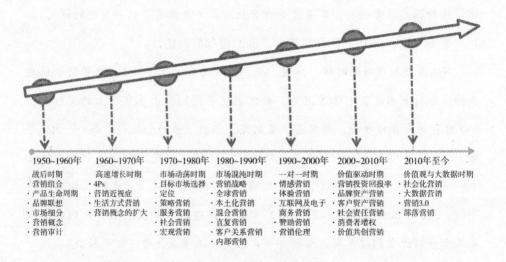

图 2-4 营销发展历程

资料来源：菲利普·科特勒，2015 年世界营销峰会演讲。

在不同的阶段，都提出了重要的营销理念，例如，我们熟知的市场细分、目标市场选择、定位、营销组合 4Ps、服务营销、营销 ROI、客户关系管理以及最近的社会化营销、大数据营销、营销 3.0。

（1）从营销思想进化的路径来看，营销所扮演的战略功能越来越明显，逐渐发展成为企业发展战略中最重要和核心的一环，即市场竞争战略，帮助建立持续的客户基础，建立差异化的竞争优势，并实现盈利。

（2）50 年来营销发展的过程也是客户逐渐价值前移的过程，客户从过往被作为价值捕捉、实现销售收入与利润的对象，逐渐变成最重要的资产，和企业共创价值、形成交互型的品牌，并进一步将资产数据化，企业与消费者、客户变成一个共生的整体。

（3）营销与科技、数据连接越来越紧密，企业中营销技术官、数字营销官这些职位的设置，使得相应的人才炙手可热，这些高管既要懂营销，还必须懂得如何处理数据、应用数据、洞察数据，并了解如何应用新兴科技将传统营销升级。

2. 战略营销导向的转变

营销理论把市场营销的导向分为生产阶段、产品阶段、推销阶段、销售阶段、营销阶段和社会营销阶段。从战略性的营销导向来分，菲利普·科特勒最近将战略营销导向分为产品导向、客户导向、品牌导向、价值导向以及价值观与共创导向（见图2-5）。

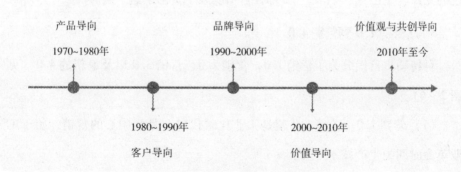

图2-5 战略营销导向的变化

资料来源：菲利普·科特勒，2015 年世界营销峰会演讲。

产品导向将产品本身作为市场战略的核心，它的前提是假设企业的产品和技术都是已定的，而购买这种产品的顾客群体以及迎合的顾客需求却是未定的，有待企业寻找和发掘，产品本身的竞争力就是市场竞争力的反映，由于这种导向割裂了客户需求与产品之间的关系，逐渐在 20 世纪 80 年代被客户导向替代。

但是，值得注意的是，近几年由于移动互联网的兴起，大家纷纷谈论"产品时代不需要营销，只需要产品"，这是目前流行的错误意识。产品必须以客户为基础，才有可能获得市场的成功。

营销是贯穿价值识别、价值选择、价值沟通和价值再续的整体过程，而不是一些短期战术。客户导向是指企业以满足顾客需求、增加顾客价值为企业经营出发点。品牌强调在与目标顾客持续互动的过程中进行品牌识别的创造、发展及保护，以取得竞争优势。

价值导向将客户与竞争看成一个整体，去针对客户需求形成差异化的价值。而最近 5 年，菲利普·科特勒认为，营销战略已经进入了价值观导向与共创导向。我们也看到，以价值观为引导的、实现客户共创的企业成为新时代的先锋，星巴克、小米、GE 都在营销实践中贯彻了这一点。

3. 从营销1.0 到营销4.0

科特勒将营销分为了营销 1.0，营销 2.0，营销 3.0 以及最新的 4.0（见图 2 -6）。

（1）营销1.0。营销 1.0 就是工业化时代以产品为中心的营销，始于工业革命时期的生产技术开发。

当时的营销就是把工厂生产的产品全部卖给有支付能力的人。这些产品通常都比较初级，其生产目的就是满足大众市场需求。在这种情况下，企业都尽可能地扩大规模生产标准化产品，不断降低成本，都想以低价格来吸引

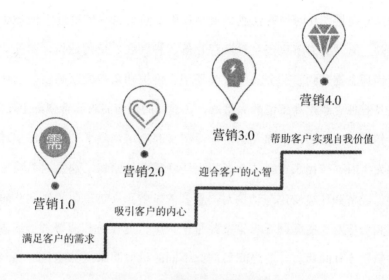

图 2-6 从营销 1.0 到营销 4.0

资料来源：菲利普·科特勒，2015 年世界营销峰会演讲。

顾客。最典型的例子是当年只有一种颜色的福特 T 型车——"无论你需要什么颜色的汽车，福特只有黑色的"。

（2）营销 2.0。是以消费者为导向的营销，其核心技术是信息科技，企业向消费者诉求情感与形象。

20 世纪 70 年代，西方发达国家信息技术的逐步普及使产品和服务信息更易为消费者所获得，消费者可以更加方便地对相似的产品进行对比。营销 2.0 的目标是满足并维护消费者，在企业成功的黄金法则是"客户即上帝"的时代，企业眼中的市场已经变成有思想和选择能力的聪明消费者，企业要通过满足消费者特定的需求来吸引消费者。如宝洁、联合利华等快速消费品企业为了满足不同消费者的需求，开发出几千种不同档次的日化产品。

（3）营销 3.0。就是合作性、文化性和精神性的营销，也是价值驱动的营销。

和以消费者为中心的营销 2.0 一样，营销 3.0 也致力于满足消费者的需求。但是，营销3.0时代的企业必须具备服务整个世界的更远大使命、愿景和价值观，必须努力解决当今社会存在的各种问题。换句话说，营销3.0已经把营销理念提升到了一个关注人类期望、价值和精神的新高度，它认为消费者是具有独立意识和感情的完整的人，他们的任何需求和希望都不能忽视。

营销3.0把情感营销和人类精神营销很好地结合到了一起。在全球化经济震荡发生时，营销3.0和消费者的生活联系更加密切。这是因为快速出现的社会、经济和环境变化与动荡对消费者的影响正在加剧。营销3.0时代的企业努力为应对这些问题寻求答案并带来希望，更容易和消费者形成内心共鸣。在营销3.0时代，企业之间靠彼此不同的价值观来区分定位。在经济形势动荡的年代，这种差异化定位方式对企业来说是非常有效的。因此，科特勒也把营销3.0称为"价值观驱动的营销"（Values – driven Marketing）。

（4）营销4.0。是菲利普·科特勒最近提出的进一步升级、实现自我价值的营销。在丰饶社会，马斯洛需求中生理、安全、归属、尊重的四层需求相对容易被满足，于是客户对于自我实现变成了一个很大的诉求，营销4.0正是要解决这一问题。随着移动互联网以及新的传播技术的出现，客户能够更加容易地接触到所需要的产品和服务，更容易和与自己有相同需求的人进行交流，于是出现了社交媒体和客户社群。

企业将营销的中心转移到如何与消费者积极互动、尊重消费者作为"主体"的价值观，让消费者更多地参与营销价值的创造。而在客户与客户、客户与企业不断交流的过程中，由于移动互联网、物联网所造成的"连接红利"，大量消费者行为、轨迹都留有痕迹，产生了大量的行为数据，我们将其称为"消费者比特化"。这些行为数据实际上代表着无数与客户接触的连接点。

如何洞察与满足这些连接点所代表的需求，帮助客户实现自我价值，就是营销 4.0 所要面对和解决的问题,它是以价值观、连接、大数据、社区、新一代分析技术为基础来造就的。

营销 1.0、营销 2.0、营销 3.0、营销 4.0 时代综合对比,如表 2-2 所示。

表 2-2 从营销 1.0 到营销 4.0

	营销 1.0 时代	营销 2.0 时代	营销 3.0 时代	营销 4.0 时代
目标	销售产品	满足并维护消费者	让世界变得更好	自我价值的实现
推动力	工业革命	信息技术	新浪潮科技	社群、大数据、连接、分析技术、价值观
企业看待市场方式	具有生理需要的大众买方	有思想和选择能力的聪明消费者	具有独立思想、心灵和精神的完整个体	消费者和客户是企业参与的主体
主要营销概念	产品开发	差异化	价值	社群、大数据
企业营销方针	产品细化	企业和产品定位	企业使命、愿景和价值观	全面的数字技术+社群构建能力
价值主张	功能性	功能性和情感化	功能性、情感化和精神化	共创、自我价值实现
与消费者互动情况	一对多交易	一对一关系	多对多合作	网络性参与和整合

资料来源:KMG 研究,菲利普·科特勒凯洛格商学院讲义。

第四节 品类模式

品类这个词,企业并不陌生,因为传统意义的品类并非一个新词。品类

（Category）这个词最初广泛用于销售管理领域，尼尔森对品类的定义是"确定什么产品组成小组和类别"，这是基于市场或者销售管理角度的定义。

品类就是用概念在原有的产品类别中或在它的旁边，开辟了一个新领域，然后命名这个领域，把开辟的新领域作为一个新品类来经营，把自己的产品作为这个新品类的第一个产品来经营，先在自己开辟的市场中独占独享。

品类创新是市场营销最根本的创新，无数的营销事实证明，花再大的力气都不如发现一个品类市场。若不是某类产品中的第一，就应努力去创造一类能使你成为市场"第一"的产品品类！

1. 品类营销的四大价值

确定新的产品品类，迅速占领消费者内心、市场并做到品类占先，其实只是做好了品类打造的第一步，要真正在这一新品类市场中做大，还要在完善自身的同时，把品类引爆。

任何一个成熟的品类市场都会存在 2~3 个成熟品牌，也就是说，即使是一个创新的品类，要发展壮大，单纯依靠一个品牌来推动市场也很困难，所以一定要有跟进者才能共同把这一品类市场做大。而最先进入者只要能将自己的实力保持住，其市场王者地位会在跟进者的烘托下进一步增强。

（1）自己开辟的市场，自己先享用，利润丰厚。这些年，企业要想生存和发展非常不容易，如果生产现有的传统产品，困难太大，胜算太低。原因有：

1）这些产品利润已经很薄。

2）大凡目前存在的品牌在实力、技术、营销管理方面都不是等闲之辈，跟这些企业去争，很难。

虎口夺食危险，创造一种新的产品类别，然后独占独享岂不妙哉？红牛、承德露露、椰树牌椰汁等均是如此。它们的市场跟随者至今没有找到分食新品类开拓者市场的良方。

保暖内衣厂家的许多经销商从几十万元起家，1 年暴赚 1 亿元已经不是新闻。

因为新，新品类产品自身已经携带着鲜明、独特、有记忆点、有利益点的营销信息。新，就成为传播的要点和对消费者的吸引点，就好像自己会说话一样。

统一鲜橙多上市时用教消费者怎么喝吗？完全不用，甚至连喝它有什么好处在其他模仿者到来之前也不用说。因为鲜橙多开创了一个这样的新品类：既解渴又有营养的果汁，它不像纯净水那样无味，也不像纯果汁那么浓稠（瞧，果汁多、水分少在这里变成缺点了），更不像"三精"（糖精、香精、色精）兑的果味饮料对人体无益。在无味的纯净水和糊嘴的纯果汁之外，给了消费者一个新的选择。

三全创造了新品类，把水饺、汤圆冻起来卖，三全不用嘱咐顾客一定要煮熟了再吃。没有一个人把三全冰水饺像冰棒一样吃，它给人们带来的方便性不说皆知。

新品类的第一品牌通常能给消费者留下深刻印象。成功的关键在于开创一个新品类，然后把你的品牌烙刻在那个品类上，你就成了这个品类的代表！

3）能够做得很大，活得很长。可口可乐的品牌价值是 700 亿美元，为什么其品牌会达到这么高的价值？如果仅与原有产品为伍，无论如何是不行的。当时饮料市场有乐啤露、沙士、姜汁汽水、橙汁、柠檬汁和其他调味饮料。可口可乐能发展成一个大品牌，是因为它创建了一个叫可乐的新品类。

第一品牌能存活很长时间，并且容易保持领导地位：可口可乐 118 年来一直是可乐第一品牌，通用电器 102 年来一直是灯泡第一产品，舒洁 80 年来一直是纸巾第一品牌。健力宝，这个开创了运动健康饮料品类的品牌，即便被张海们"折腾"成现在这样，仍然占据着运动饮料的概念，虽然形象有些老旧，但消费者对它仍有好感，在二三级市场仍然有很大的销量，这就是品类的力量！

4）具有天然规避竞争的屏障。第一创造领导地位。如果你的品牌是品类中的唯一品牌，你的品牌就必定是领导品牌。当竞争对手加入时，会强化你是第一的认知。

就产品本身而言，可口可乐只不过是一种容易仿制的糖水，但是在大众心中的阶梯上可乐占据首位并因此代表美国价值，这是无论把瓶子中的棕色做得多么逼真都代替不了的。非常可乐在城市里总也干不过可口可乐，道理就在这里！市场规律已经证明，很难借助品质差异建立起战略，质量是参与市场竞争的起码条件，但甚难形成战略性差异。

当你的品牌是新品类的第一品牌时，它就被普遍认为是原创者、正宗的先锋，并且是最好的。当其他品牌侵犯你的领域时，它们被普遍认为是模仿品。现在，你能再出一种白加黑感冒片吗？就算国家允许，有人相信吗？

承德露露长期以来几乎一个产品撑天下，这看似"极不正常"的现象靠的就是品类力量，而不是其他营销秘笈。在消费者心中，露露的杏仁饮料专家形象成熟后，再想扳倒它几乎不可能。

领导地位的认知制造出一种强烈感觉，即你的品牌肯定是最好的，而竞争对手就差很多。第二层品牌为了扩大销量，常常被迫降价，这是无奈。结果，领导品牌总是拥有主导性份额，获得最丰厚的利润，具有最大的话语权。

（2）品类时代来临。1972 年，阿尔·里斯和特劳特提出了营销史上著名的定位观念，并一直在寻找和定义"营销和品牌创建中的关键力量和法则"。2004 年，阿尔·里斯与劳拉·里斯推出了打造品牌的定义之作《品牌之源》，揭示了商业界竞争规律与自然界竞争规律的共通之处。而品类正是商业界的物种，是隐藏在品牌背后的关键力量，从此宣告人们对营销的认识从品牌进入品类时代。

品类时代的营销，注重和强调品牌是代表品类的名字或者符号这一实质，强调以品类导向来发展品牌和营销，以主导一个品类为品牌发展的目标。创建一个全新的品类，是创建品牌的有效方法之一。

（3）品类观念的受益者。从形象或者体量的角度看，格力似乎远不如海尔，但是从品牌竞争力的角度看，海尔远远不如格力，格力甚至可以说是目前中国家电业最有前途的品牌。

格力为什么如此强大？很多人把注意力放在了格力独特的渠道模式上。确实，格力的渠道模式很特别，但这不是格力品牌强大的关键。是什么让格力敢于向渠道巨头国美叫板？当然是品牌竞争力！格力为什么具有强大的竞争力？因为格力专注于空调品类。格力也许是世界上唯一一家只生产空调的家电企业。2006 年，在国内空调市场萎缩的情况下，格力的销售增长为20%，国内市场占有率接近30%。格力品牌已经逐渐锁定空调品类。检验品牌竞争力的重要指标之一就是利润，在家电行业集体疲软的情况下，格力是利润率最高的家电企业，2006 年利润超过 8 亿元，2007 年保持 50% 的增长率。只要格力的聚焦战略不改变，格力将有机会成为全球空调行业的代表，成为真正的世界级品牌。

喜之郎的成功看起来有运气的成分。实际上，喜之郎是第一个在消费者心中建立果冻品类认知的品牌。在喜之郎之前，果冻市场已经有很多区域性品牌，但都没有进入消费者心中。于是，喜之郎依靠一个好名字以及大规模广告传播，抢先占据了果冻这个品类，一度拥有 60% 以上的市场份额。今天，喜之郎面临巨大挑战，这个挑战并非品牌的原因，而是果冻这个品类出现了萎缩。

（4）痛失品类创建良机。遵循了品类规律和法则成功创建品牌者不少，因对品类无知而痛失良机者更多，青岛原生就是其中典型的例子。

从技术上看，青岛原生有机会开创一个新品类，因为在保持啤酒鲜活度和口感工艺方面，它比纯生更进一步，可以保持啤酒的原味，但是，随后的营销活动彻底扼杀了这个原本很有希望的产品：首先，品类的命名出了问题，青岛原生这个名字只是对纯生的模仿，而不是一个新品类，不足以和纯生拉开距离。其次，整个营销活动聚焦于品牌宣传而非品类的建立，传播方向出现重大偏差，邀请原生态舞蹈家杨丽萍作为代言人，口号是"原生态，活啤酒"，青岛原生变成了原生态，新品类的特征进一步消失；采用了副品牌而非独立品牌策略，则注定了青岛原生的失败。

柒牌、太子龙、云烟印象、东风龙卡等一批品牌都错过了借助品类创新建立强大品牌的机会，而珠江啤酒、九牧王等品牌则因为破坏了品牌的品类特征而葬送了主导品类的机会。

2. 品类营销的传播策略（见图2-7）

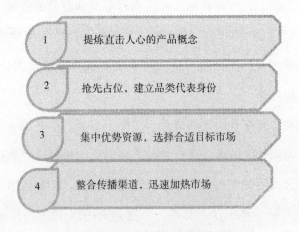

1	提炼直击人心的产品概念
2	抢先占位，建立品类代表身份
3	集中优势资源，选择合适目标市场
4	整合传播渠道，迅速加热市场

图2-7 品类营销的传播策略

（1）提炼直击人心的产品概念。产品一定要基于消费者的需求，甚至是消费者还没有意识到的需求。如果这种产品在创新之前就系统地研究了消费者的需求，那么概念的提炼就水到渠成了。例如，白象的大骨面，消除了人们吃方便面方便但不营养的忧虑，满足了对于营养的需求；海尔的小小神童即时洗让夏天洗衣有烦恼的人们一看就会中意；喜之郎将儿童吃的果冻布丁，变化为 CICI、水晶之恋等年轻人喜欢的时尚品类。

在产品概念的提炼中，产品的命名是很重要的一环。即使一种产品的功能特点再好，如果完成不了从技术特点到消费利益的交换，不能方便消费者感知，也不是一个好产品。那么，如何完成有效转换？最有效的方法就是创造一个鲜活的焦点概念，让消费者一听就懂，一看就明白。

例如，海尔的氧吧空调、防电墙热水器，根本不需要广告语就可以让消费者感知到利益。一个好的命名不仅能够直接传达出利益点，而且能够用这个利益点直击消费者内心，把自己和其他替代品区隔开来。再如，"乐无烟"炒锅没有油烟，"白象大骨面"有营养，"咖啡可乐"具有小资情调。商务通就是 PDA，本来与其他厂商生产的掌上电脑没有什么区别，它的成功在于给自己做了定位——商务人士专用，用准确"商务通"三个字高超地传达出来，一下子使它从一堆 PDA 中脱颖而出，变得不一样了。

（2）抢先占位，建立品类代表身份。在《市场营销的 22 条法则》中，类别法则指出，一个品牌要尽量成为新品类的代表或领导品牌。那么如何才能成为市场的领导品牌呢？感知法则和观念法指出，在人们头脑中占据第一，比在市场中成为第一要有效得多。因此，想要成为一个新品类的第一，就要成为消费者心目中的第一！

如果把类别法则看成是一个对"目标"的描述，那么感知法则和观念法则指出了成为第一的必要条件和具体"战场"。对于消费者心智的占领在先期大多是通过传播来实现的，因此，就有必要对于传播的内容、顺序和传播的强度进行策划和设计，以期能够在第一时间占领消费者心目中的"第一"位置。

在具体的操作中，策划者最常用的策略是把品牌名称和品类名称紧紧地联系在一起传播，让消费者第一次接触新品类时就建立起品牌和品类的联系。这一点，我们就以海王牛初乳、雅客V9为例来说明。

牛初乳是奶牛分娩后3天内分泌的牛奶，包含大量免疫球蛋白，被医学界誉为"天然免疫之王"，与牛奶相比价值更高。对于消费者而言，牛初乳是一种新的产品类别。按照常规的传播程序，似乎应该先告知牛初乳是什么，因为一个全新产品入市，传播上一般会分为三个阶段：①我是什么？②你为什么需要我？③我是你最为适合的选择。

首先，把产品直接命名为"海王牛初乳"，而不叫"乳宝"、"乳珍"、"初乳素"等，把海王牛初乳同"牛初乳"这个新鲜品类结结实实地捆在一起。其次，选择特别的传播组合次序：①牛初乳就是海王牛初乳。②你为什么需要牛初乳？③牛初乳是什么？

为什么会采用这样的策略呢？叶茂中在《创意就是权力》一书中叙述道，"牛初乳是个新鲜事物，有很高的营养价值，市场前景异常广阔，它被消费者接受是迟早的事情。如果我们能够抢占'牛初乳'概念成功，我们的产品就会借牛初乳普及之势赢得市场，能够最大限度地规避产品风险和行业的信任危机，同时在以后的牛初乳类产品竞争中占得先机。"可以看出，其策略抢占品类名称的意图显而易见。

对于创新品类雅客维生素糖果，叶茂中也制定了抢占品类市场的战略目标，并策划了一系列具体策略：①把原来的产品名——雅客滋宝改名为雅客V9。因为在消费者的印象中，V和维生素的联想是非常接近的，这样命名能够把雅客品牌名和维生素紧紧地联系起来。该步骤意在抢占品类的名称资源。②抢占视觉资源。把包装改为橙色，因为橙色是维生素的代表色；在包装上将维生素视觉化，符号化。

抢占品类资源的操作方式还有脑白金的"强占式"，通过大规模和年复一年的传播"收礼只收脑白金"，把礼品这一品类规约到"脑白金"这一品牌上。而"呼机、手机、商务通，一个都不能少"，则是产品名对产品类别名的"偷占"，用"商务通"代表 PDA 这一产品类别。"乐无烟"从某种程度上也是品牌名对于品类名称的抢占。

（3）集中优势资源，选择合适的目标市场。在具体的时间和空间，营销和战争有很多类似之处，都是对于"阵地"的争夺。一方对于市场的占有必然导致另一方市场份额减少。创新的品类，也有可能导致对原有传统产品市场的抢夺。这意味着，新品类要对传统品类打一场进攻战。

在《营销战》中，里兹论述进攻战的第三原则时，曾借用克劳塞维茨的话来叙述："如果无法获得绝对的优势，你必须灵活运用你现有的力量，在决定性的地点制造出相对优势。"

对于创新因素较多的新品，新开辟的"阵地"因为无人占领，在进攻时可能并不会耗费太多资源，但是大多数情况下也不会长期独家占据。在高额利润的诱惑下，传统经营者会很快杀进来，其中很可能就有传统市场中的大鳄。

重量级的竞争者凭借其原有的品牌、资金、技术优势极有可能后来居上，把创新者赶出这片新辟的疆土，这样的例子比比皆是。因此，在开拓市场时还要考虑怎样建构竞争壁垒，做好防守的准备。因此，选择目标市场时，一定要量力而行，要将有限的资源集中于一点，遵循"打得下，守得住"这一原则。

"打得下，守得住"是指，企业应根据自身资源选择适当的目标市场。实力不强者可以实施集中市场的营销策略，选择潜在竞争者力量薄弱的地区，避其锋芒，攻其虚弱，集中力量建立根据地，先生存后发展。

锋芒太露，树敌太多，只会引起他人的注意，招致反扑或引来不必要的市场阻力。例如，方便面行业中的新贵"五谷道场"，就是因为传播操作不当，引起整个行业的公愤。

如果自身实力较强，行业中又没有特别有实力的领先者，则可以放眼全国市场，迅速建立品类领导者地位。例如，"乐无烟"的操作团队，在启动初期只选择了北京，随后启动的也只有南京、济南、郑州、杭州等地方，较好地对资源进行了有效集中，效果很明显。叶茂中对此有一个比喻："一把盐撒在游泳池里，对游泳池根本没有一点影响，撒到盆里，水立马变味。"

（4）整合传播渠道，迅速加热市场。大多数新品类的创造者通常都不是该行业的领导者，因此，在创新品类推向市场的时候，一般都是在打一场侧翼战或者游击战。为了在竞争者做出反应前就建立领先优势，速度便成为一个关键因素。目标市场确定以后，要通过各种传播渠道的有效组合，在很短时间内把市场炒热，使新品类迅速被消费者认知、认可并接受，同时顺理成章地把品牌当成品类的领导者。

3. 品类战略的四点建议

今天的营销，与其说是经营品牌不如说是经营品类，与其说是推进品牌战略不如说是推进品类战略。而要取得品类战略的成功，以下四个要点会对企业有所帮助。

（1）开创一个新品类。品牌是代表品类的名字，创建一个品牌的第一选择就是开创一个品类。因为一旦你成为品类的开创者，你就具有先入为主的优势，一出生就是领导者。

1）开创品类首先可以借助分化的趋势。特仑苏有什么重大发明或者创新吗？这一点并不重要，重要的是它在普通牛奶市场上，分化并聚焦于高端牛奶市场。在此之前并非没有高价牛奶产品，但是没有一个独立的高端牛奶品类。

2）开创品类还可以取巧。例如喜之郎，当一个具有市场前景的品类已经诞生，但还没有品牌在消费者心中代表这个品类的时候，具有资源优势的企业就可以通过传播资源，抢先占据这个品类。喜之郎后来又故伎重演，推出美好时光海苔来抢占方便海苔品类，但是情况已经不同了，四洲、力波等方便海苔的心智地位远比当初的金娃等果冻品牌牢固。

（2）使用独立的品牌。建立一个新的品类，就应该使用新的品牌。但是企业普遍认为，利用现有的品牌，可以有效使用品牌资产。但事实并非如此。如果说使用新品牌意味着要从零开始建立认知的话，使用原有的品牌就是从负数开始。使用原有品牌意味着要改变消费者原来的认知，这是一个浩大的工程。

以生产中低档酒起家的全兴酒厂在推出超高端品牌"水井坊"的时候，不仅采用了独立的品牌，甚至还注册了独立的公司——水井坊酒业，避免"水井坊"受到全兴酒厂的负面影响。

（3）界定一个合适的对手。营销竞争的本质是品类之争，新品类的市场通常来自老品类，界定了品类的"敌人"，也就确定了生意的来源。高档牛奶的市场来自哪里？可能是普通牛奶市场上的高端人群，也可能是其他高档早餐饮品，也可能二者兼有，但必须确定一个阶段性的偏重。

不仅是新品类和新品牌，对于已经确立市场地位的老品类和老品牌而言，也面临界定竞争对手的问题，否则，品类和品牌将面临衰落的危险。露露杏仁露的对手是谁？似乎不确定，真正进入没有对手的所谓"蓝海"并非好事，露露杏仁露面临的巨大且紧迫的问题就是给自己找一个合适的对手。

（4）推广品类而非品牌。一旦开创了一个新品类，营销推广就要围绕新品类展开。脉动在国内开创了维生素水品类，它可以说是乐百氏近年来最成功的品牌，面世之初，几乎没有进行过广告宣传和推广，但这个品牌仍风靡一时。

糟糕的是脉动接下来的广告推广，主题是"时刻迎接挑战"，不知道它到底想说什么。脉动应该怎么做？应该宣传推广维生素水与其他主流饮料，如纯净水和运动饮料甚至茶饮料相比有什么好处，也就是说做品类推广而非品牌推广。

类似的例子还有澳的利，它开创了葡萄糖饮料品类，成为当年发展速度最快的饮料品牌。可是，澳的利很快就把焦点转向了品牌宣传，最终这个品牌也消失了。

第五节　四者之间的联系

企业管理需要全局思维！

企业管理本身就是系统化的，其目的就是使工作更规范化、制度化，从而提高工作效率，实现企业效益。在信息高速发展的年代，企业管理也必须依靠信息化的系统思维，根据企业具体情况，从实际出发，制定符合实际需要的管理制度。

有家医药集团的总裁问咨询顾问："当地政府承诺要将一个有 4000 万元

固定资产的制药企业送给我，你说我接还是不接?"一听这话，咨询顾问马上出现了"天下没有免费的午餐"的反应。

据了解，这家制药企业没什么新药，只有几十种普通药品，300多名员工，既没有销售团队，也没有市场网络，所有药品只能通过大流企业销售，现在欠有数千万元的贷款，而企业已经没有维持正常运转的流动资金了。

在医药行业，业内人士都有这样一个常识：没有新药，就没有利润。所以，咨询顾问斩钉截铁地说："坚决不能接受这个企业，这明显是一个陷阱。"

如果这家医药集团的总裁接受这个企业，后者必定会将前者的流动资金全部耗空，使得前者陷入同样运转不灵的境地。其实，其他行业的很多领导者也会犯类似的错误，根本原因是缺乏系统性思维。特别是在企业转型、重塑商业模式的时候，企业领导者必须具备全面的、发展的、多层次的系统型思维。

在企业转型期间，企业领导者要用全局思维看问题，即用有层次、发展性、系统性的思维，不但要考虑企业的发展，还要洞悉产业、商业的发展；不但要了解宏观趋势，还要掌握中观、微观趋势，找到趋势共振。

然而当下，很多企业领导者的知识结构还不够完善。一些企业领导者的思维没有层次感，导致工作错位，例如，本该从大局出发，为企业商业模式把脉的董事长，却一直以总经理的思维考虑战略问题。董事长的责任是为企业制定和把握规则，其他事应该交给其他人去做。

所谓全局思维，就是从大局把握事物的发展的周期节奏，看清从低级到高级的发展路径，并给企业找好发展路径和发展节奏。俗话说"3岁看到70岁"，很多投资机构就是通过这样的思维，进行投资项目选择和风险评估的。这个思维不能仅靠理论建立，它需要的是视野和经验以及培养全局的思维方式。

但是现实中，很多企业在转型时会出现误区：有些仅从新闻角度，提出向数据新闻转型；有些仅从经营角度，提出经营模式多元化转型。这些片面的思维方式，必然会像盲人摸象产生很大谬误。转型是复杂而艰巨的系统性工程，它包含体制机制、经营、流程、内容等多个方面，只有建立系统化的思维方式，才能转得彻底。

为了培养全局思维，应做到下面几点：

1. 把企业看作一个各部分相互关联的整体

整体中的每一个部分，都承担着各自的使命，为实现企业整体目标而各司其职，虽然它们各有侧重，但都在为共同目标而贡献应有的价值。在整体思维下，企业的各部分要相互配合，才能实现整体优化；只有使各部分服从于全局，才能最终实现公司总体目标。

从经济学中的"囚徒困境"，我们能获得很大启发：为什么囚犯们依照自身利益最大化原则做出的选择，实现了均衡，却是非效率的？根本原因就是他们没有用整体思维做决策。

2. 把企业看作一个有层次的整体

企业要想运转顺利，各组成部分也一定要按照规则构成统一的层次系统，不同管理层次分担着不同的职能和任务。例如，高层管理者负责制定战略、总体实施计划；中层管理者则负责分解战略决策、制定具体执行计划；低层管理者重点在执行计划、适时报告执行情况。只有各管理层次职责清晰、任务明确，在各自的岗位上做好工作，才能各尽所能，发挥企业管理系统的整体作用。

3. 把企业看作一个开放的整体

生存环境对企业的影响越来越重要，而全局思维则要求领导者把企业放到一个更大的环境中思考，并把企业的内外部环境看作一个系统。在内要协调资源和能力，在外要考虑宏观环境、产业环境的变化。对内部环境进行分析，可以告诉企业"我能做什么？"，而对外部环境进行分析，则可以让企业明白"我可以做什么？"有时，企业有能力，但环境不允许，如果企业坚持要做，能力越强，后果反而越惨。

4. 把企业看作一个动态的整体

世间万事万物都在不断发展变化，企业的内外部条件、环境也日新月异，虽然企业内外部已经形成了一个系统，但它同样是不断变化的。不平衡才是这个系统的本质，所有的平衡都是短暂的。企业只有不断调整思维保持动态，才可能适应外部不断变化的环境；不断寻找适时的战略，才能追求系统的平衡。

企业在发展的过程中必然要经历不平衡—平衡—不平衡—平衡的动态循环，学会不断提升适应能力，自会延长企业寿命。

5. 把企业各项活动看作一个整体

企业各组成部分的存在不是根本目的，这只是一种形式和手段而已。它们的真正价值在于各自所担负和完成的企业使命，而非组织本身，各组成部分要通过各种活动创造企业价值。全局思维要求我们不仅要重视各部分，还应关注它们的活动，更要让各活动也构成一个系统，即使在一个部门，其内部的各项工作之间也可以建立起完整的系统。

企业要实现一个目标，需要解决很多方面和层次的工作，有战略、营销、生产、竞争力、生存发展、可持续性等一系列问题。如果用全局思维来考虑和安排这些工作，就能促使各活动间有效配合，实现系统优化。

6. 全局思维本身也具有多维度、多层次

全局思维的内涵很丰富，在利用它思考问题时，要求从多角度、全方位的视角把企业看成一个系统。不仅要把企业各部分、企业内外环境看作一个系统，还要把企业所处产业链、目前状况和长远发展、机会和挑战、效率和效果、竞争力和可持续发展等，都看作一个系统。

第三章　资本运营

没有资本思维的企业是滚雪球思维，有多少钱办多少事。

资金的来源主要有三个渠道：自己的、借来的、贷款，都是债权融资。

懂资本的企业家会合理运用股权的力量：融资、融人、融资源。

企业运营两种模式：产品运营，买产品换利润；资本运营，卖股权换利润。

债权融资解决短期资金需求，股权融资解决长期资金需求。

资本市场不是终点，而是起点。

企业家要修炼的一项最重要的基本功：融资能力。

第一节　资本运营的概念

资本运营，又叫作资本运作、资本经营。主要是利用市场法则，结合资本本身的技巧性运作或资本的科学运动，实现企业的价值和效益增长。简单来说就是，利用资本市场，通过以小变大、以无生有等手段买卖企业和资产而从中赚钱的经营活动。

2012 年 5 月，阿里与雅虎达成股权回购协议，决定以 71 亿美元的价格，从雅虎所持阿里 40% 的股权中购回一半，交易大概在 6 个月内完成。

阿里通过这份联合声明表示，集团将动用 63 亿美元的现金以及 8 亿美元以内的公司新增优先股，先从雅虎手中回购 20% 的集团股权。假如阿里要进行整体上市，还会进一步将剩余股份购回。

通过这次交易，阿里重新整理股权结构，使之更加健康，也在今后的发展中更具优势。

虽然表面上这只是一个用股份回购，进行资本重组的案例。但本质上也是资本运营，可见，企业要想实现持续发展，资本运营至关重要。

笔者曾经为一个沙漠水稻项目提供过服务，用一首打油诗总结就是：环境极为不利，基建成本超高，产品处在红海，资金周转太慢，专业机构不投。

经过半年的调研，笔者做了这样的顶层设计："互联网 + 农业 + 科技 + 金融"的四位一体模式，启动了众筹与电商相结合的产品销售战略。

后来，该项目的创始人在北京大学汇丰金融论坛暨北京大学汇丰商学院

EDP "梦无缺"年会现场获得项目路演一等奖，并在中国互联网大会上荣获"年度潜力品牌"殊荣，获得了腾讯、京东和亿利资源的投资。

资本运营的核心理念是：聚集零散资金，按一定比例进行重新分配，使一部分人迅速富起来，让绝大多数人挣到钱。

资本运营，是企业在生产运营、商品运营之后，用以提升企业竞争力的另一重要手段。科学合理地进行资本运营，可使企业资本进一步增值，并且在新的市场经济环境下可以继续生存、发展下去，对企业发展具有重要的战略意义。

1. 有助于加快企业发展进程，扩充企业发展规模

企业发展都需要整合资源，以促进自身发展稳健、迅速。企业应该分两个层次整合资源：对内用好已有资源，例如，设备、员工、技术团队等，通过注入资本，扩建厂房、引进人才、改造技术，实现企业生产效率和生产规模的提升；对外可以通过资本运营，及时获得企业发展所需的外部资源，支持企业可持续发展。

2. 帮助企业拓展融资途径，增强企业资本实力

众所周知，企业发展以资金为血，资金就是企业的生命线。国内企业多为私营企业或家族企业，而且带有行业分布局限性，呈现出规模小、资信低的特点，企业固定资产也相对较少，因此企业在发展过程中需要资金时，一旦找不到合适的抵押资产，就会导致贷款搁浅，极大地限制企业的发展。但是，若有良好的资本运营，这一问题就能很好地得到解决。

3. 能够强化企业管理水平，提高企业社会形象

资本运营对企业管理水平也有正相关作用。一般来说，企业通过各种方式取得另一家企业的股权之后，两家企业间的企业文化、管理制度等都要进行有效融合。而通过这样的融与合，可以有效提高企业的社会形象。

4. 资市运营可使企业快速实现自身价值

资本市场是将梦想和潜力转化为现实的强有力工具。红日药业就是凭借良好的成长展望和增长预期，通过 IPO（首轮公开募股），不但获得了近 5 亿元的资本输入，还通过上市提升了公司价值。一夜之间，资本市场就以其强有力的变现能力，将企业潜力变为了市值。

一个有 1000 万元利润的企业，未来要达到 10 亿元的市值，而非两三千万元，怎么做？答案就是提高市盈率，市盈率水平代表着企业的持续性，持续盈利能力越强的企业，其市盈率就越高。

企业在发展中不断提高市盈率，就有机会通过并购市盈率较低的公司，实现资本重组。那么，并购的前提是什么？就是实现"1 + 1 > 2"，一般都是市盈率高者收购低者，例如，你出 1000 万元，收购后是十倍的市盈率，公司只值 1 亿元；如果花 1 亿元收购，市盈率能变成 30 倍，就是 3 亿元，那么这个并购就可做。

第二节　资本市场的现状

中国建设多层次资本市场重要意义在于：

（1）有利于满足资本市场上资金供求双方多层次化的要求。

（2）有利于提供优化准入机制和退市机制，提高上市公司的质量。

（3）有利于防范和化解我国的金融风险。

1. 中国多层次资本市场建设的战略构想

（1）建立以深沪交易所为核心的主板市场。将现有的沪深两市定位于中国证券市场的"精品市场"。由于该市场发展历史较长，成熟度也较高，可以结合二板、三板市场输送的优质公司进入和现有不良公司退出（可以退市，也可以转向二板、三板进行交易），逐渐建立起我国的证券精品市场。该市场主要面向规模大、业绩佳的成熟知名大企业，其公司来源应主要来自二板、三板市场，在满足特定情况的条件下，也可以在主板市场上进行增发和再融资，但这些指标未达标的公司，不能通过主板市场再融资，特别是不能通过股权再融资的方式"圈钱"，这样才能充分保证主板市场公司的质量，降低该市场的风险。

（2）建立以中小科技创业企业为核心的二板市场。目前，国际上的创业板市场主要有三种典型的模式（见图3-1）：

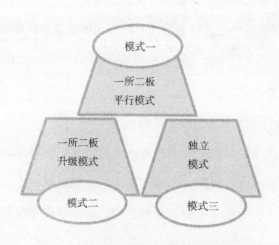

图3-1　国际创业板市场的三种典型模式

模式一：一所二板平行模式。一所二板平行模式即在现有证券交易所中设立一个二板，作为主板的补充，与主板一起运作，两者拥有共同的组织管理系统和交易系统，甚至相同的监管标准，不同的只是上市标准的高低，两者不存在主板、二板转换关系。

模式二：一所二板升级模式。一所二板升级模式即在现有证券交易所内设立一个独立的、为中小企业服务的交易市场，上市公司除须有健全的会计制度及会计、法律、券商顾问和经纪人保荐外，并无其他限制性标准，主板和二板之间是一种从低级到高级的关系。

模式三：独立模式。独立模式即二板市场本身是一个独立的证券交易系统，拥有独立的组织管理系统，报价交易系统和监管体系，上市门槛低，能最大限度地为新兴高科技企业提供上市条件。

（3）发展场外交易市场，有重点、有选择地推进区域性交易市场的建设。我国三板市场体系的建立应采取"条块结合"的模式，既有集中统一的场外交易市场，又有区域性的股权、产权交易市场。具体思路如下：

1）借鉴发达国家经验，发展场外交易市场。

2）在加快发展场外交易市场的同时，应积极规范地区性股权交易中心。

3）为了解决高新技术企业的产权交易和转让问题，应积极稳妥地发展地方产权交易市场。

2. 我国证券交易所市场的层次结构

根据社会经济发展对资本市场的需求和建设多层次资本市场的部署，我国在上海、深圳证券交易所作为证券市场主板市场的基础上，又在深圳证券交易所设置了中小企业板市场和创业板市场，从而形成了交易所市场内的不同市场层次。

（1）主板市场。主板市场是一个国家或地区证券发行、上市及交易的主要场所，一般而言，各国主要的证券交易所代表着国内主板市场。主板市场对发行人的经营期限、股本大小、盈利水平、最低市值等方面的要求较高，上市企业多为大型成熟企业，具有较大的资本规模以及稳定的盈利能力。

相对创业板市场而言，主板市场是资本市场最重要的组成部分，很大程度上能够反映经济发展状况，有"宏观经济晴雨表"之称。上海证券交易所和深圳证券交易所主板、中小板是我国证券市场的主板市场。上海证券交易所于1990年12月19日正式营业；深圳证券交易所于1991年7月3日正式营业。

2004年5月，经国务院批准，中国证监会批复同意深圳证券交易所在主板市场内设立中小企业板块市场。设立中小企业板块的宗旨是为主业突出、具有成长性和科技含量的中小企业提供直接融资平台，是我国多层次资本市场体系建设的一项重要内容，也是分步推进创业板市场建设的一个重要步骤。

中小企业板块的设计要点主要是以下四个方面：

第一，暂不降低发行上市标准，而是在主板市场发行上市标准的框架下设立中小企业板块，这样可以避免因发行上市标准变化带来的风险。

第二，在考虑上市企业的成长性和科技含量的同时，尽可能扩大行业覆盖面，以增强上市公司行业结构的互补性。

第三，在现有主板市场内设立中小企业板块，可以依托主板市场形成初始规模，避免直接建立创业板市场初始规模过小带来的风险。

第四，在主板市场的制度框架内实行相对独立运行，目的在于有针对性地解决市场监管的特殊性问题，逐步推进制度创新，从而为建立创业板市场积累经验。

中小企业板块的总体设计可以概括为"两个不变"和"四个独立"。"两个不变"是指中小企业板块运行所遵循的法律、法规和部门规章与主板市场相同，中小企业板块的上市公司须符合主板市场的发行上市条件和信息披露要求。"四个独立"是指中小企业板块是主板市场的组成部分，同时实行运行独立、监察独立、代码独立、指数独立，具体如下：

1）运行独立是指中小企业板块的交易由独立于主板市场交易系统的第二交易系统承担。

2）监察独立是指深圳证券交易所建立独立的监察系统，对中小企业板块实施实时监控，该系统针对中小企业板块的交易特点和风险特征设置独立的监控指标和报警阈值。

3）代码独立是指将中小企业板块股票作为一个整体，使用与主板市场不同的股票编码。

4）指数独立是指中小企业板块在上市股票达到一定数量后，发布该板块独立的指数。

从制度安排看，中小企业板块以运行独立、监察独立、代码独立和指数独立与主板市场相区别，同时，中小企业板块又以其相对独立性与创业板市场相衔接。

（2）创业板市场。创业板市场又被称为"二板市场"，是为具有高成长性的中小企业和高科技企业提供融资服务的资本市场。

创业板市场是不同于主板市场的独特的资本市场，具有前瞻性、高风险、监管要求严格以及明显的高技术产业导向的特点。与主板市场相比，在创业板市场上市的企业规模较小、上市条件相对较低，中小企业更容易上市募集发展所需资金。

创业板市场的功能主要表现在两个方面：一是在风险投资机制中的作用，即承担风险资本的推出窗口作用；二是作为资本市场所固有的功能，包括优化资源配置、促进产业升级等作用。而对企业来讲，上市除了融通资金外，还有提高企业知名度、分担投资风险、规范企业运作等作用。因而，建立创业板市场是完善风险投资体系，为中小高科技企业提供直接融资服务的重要一环，也是层次资本市场的重要组成部分。

经国务院同意、中国证监会批准，我国创业板市场于 2009 年 10 月 23 日在深圳证券交易所正式启动。我国创业板市场主要面向成长型创业企业，重点支持自主创新企业，支持市场前景好、带动能力强、就业机会多的成长型创业企业，特别是支持新能源、新材料、电子信息、生物医药、环保节能、现代服务等新兴产业的发展。

我国创业板的推出和发展，将发挥对高科技、高成长创业企业的"助推器"作用，为各类风险投资和社会资本提供风险共担、利益共享的进入和退出机制，促进创业投资良性循环，逐步强化以市场为导向的资源配置、价格发现和资本约束机制，提高我国资本市场的运行效率和竞争力。

创业板是我国多层次资本市场体系的重要组成部分。创业板的开板，标志着我国交易所市场在经过 20 年发展后，已经逐步确立了由主板（含中小板）、创业板构成的多层次交易所市场体系框架。

第三节　企业融资的方法

企业的经营是伴随着投资与融资交替的过程进行的，我们身边的企业家都很懂得投资，但是在融资能力上却有着很大的差距，为什么这样讲呢？他们会用自己的钱或者借来的钱，或者从银行贷来的钱投入自己喜欢的项目，然后建厂房，买设备，搞生产，一旦有了利润，他们甚至会去买房圈地、搞很多固定资产，这些动作都属于投资行为。结果，很多企业都在这个过程中卡住了，投资的时候还有钱，接下来就把自己饿死、噎死、卡死了。

其实，企业家终生需要的一种能力就是融资能力，这样才能保证源源不断地造血。可问题是，大多数企业家只学会了投资，没有学会融资，所以资金链断裂是绝大多数企业崩盘和破产的根本原因。这样，就涉及了企业融资。

2015 年笔者给一个学员做咨询，这个学员生产新型环保节能轻质墙板，但受地产大环境影响，使用各种营销手段都无法创造利润；可是，新项目的投资，不仅周期长，而且投资款项一时难以筹集。在这种进退两难的情况下，只有"资本＋商业模式"才可以拯救这家企业。

先通过股改，让企业主体低成本运营，提高资产的流动性，降低了负债。然后，通过海外借壳的形式，获得资本的注入，完成了对深圳两家现金流极好项目的并购，迅速摆脱了困境、抢得了行业先机。

这个项目更是深刻地验证了一点：企业家决定企业的命运，企业家的高度决定企业的未来！

企业的融资方式，按照融资方当事人所拥有的权益，可划分为债权融资和股权融资。企业主要通过这两种方式进行融资。对于预期收益较高、能承受较高风险、经营风险较大的融资成本，要求资金融资的、风险较低的企业，可以选择股权融资；对于预期收益较低、不能承受较高的融资成本、经营风险比较小的企业，可以选择债券融资。通俗一点讲，股权融资就是把经营风险分摊，适合长线。

按照有无金融中介划分，可以分为直接融资和间接融资。直接融资是指，不经过任何金融中介机构，由资金短缺的单位直接与资质方单位协商进行贷款，或者通过合资等方式进行的资金融通，如企业债券股票、合资经营，企业内部融资等。间接融资是指，通过金融机构为媒介的融资方式，如银行、非银行的金融机构信贷委托贷款、融资租赁项目融资等。直接融资的优点是资金流动比较迅速，成本低，受法律限制少，缺点是对交易双方投资与投资技能要求高，而且还必须经过双方协商才能成交；间接融资的优点是降低了融资成本，分散了风险，实现多元化负债，不稀释股权。

企业的债权融资和股权融资是有本质区别的，债权融资形成的是企业的负债，借款方需要还本、付息；股权融资是用股本进行融资，出资人拥有企业的股权，融资方及企业不需要还本付息，股东还需要承担风险。

债权融资

1. 债券融资的五种方式

所谓债权融资是指，中小企业通过借钱的方式进行融资。债权融资所获得的资金，中小企业要先承担资金的利息，在借款到期后还要向债权人偿还本金。债权融资的特点决定了其用途主要是解决企业营运资金短缺的问题，而不是用于资本项下的开支。

股权融资是指，中小企业的股东愿意让出部分企业所有权，通过中小企业增资的方式引进新的股东方式。股权融资所获得的资金，中小企业无须还本付息，但新股东将与老股东同样分享企业的盈利与增长。债券融资的五种方式如图3－2所示。

（1）银行或其他金融机构贷款。这种方法容易迅速达到融资目的，其具体方式有票据贴现、短期借款、中期借款和长期借款。但是，想大量及时取得银行等金融机构的贷款却是一件十分困难的事情。因为贷款人特别重视资金的安全性，对企业提出了系统的财务指标控制，如资产负债率、增长率、利润率等，尤其在企业暂时陷入困境时，很难满足银行的一系列要求。

（2）从资本市场融资。企业可以通过在金融市场发行债券的方式融资，这主要用于筹集长期资金的需要。目前，我国债券市场规模偏小，品种单一，

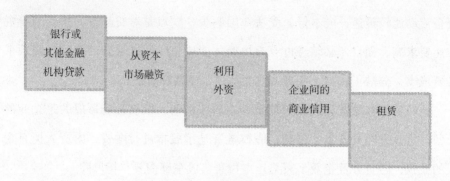

图 3 - 2　债券融资的五种方式

有待于进一步完善。

（3）利用外资。其形式主要有卖方信贷、买方信贷、补偿贸易、外国政府贷款、国际金融机构贷款等。对企业来说，其负债的种类是多种多样的，是多种负债形式的组合，企业应根据自己的经营状况、资金状况及所具备的条件，决定本企业的举债结构，并随时间及企业经营状况的变化随时调整这一举债结构。

（4）企业间的商业信用。就是以应付购货款和应付票据的方式从供货厂家那里筹集资金。即通过企业间的商业信用，利用延期付款的方式购入企业所需的产品，或利用预收货款、延期交付产品的方式，获得一笔短期的资金。

民营企业老板的私人信用，相当于民间的私人借款。民营企业债权融资的独特方式是最不规范的企业融资方式，也是民营企业最普遍的融资方式。融资金额一般较小，稳定性难以确定。

（5）租赁。现代租赁是一种商品信贷和资金信贷相结合的融资方式，对需方企业来讲，具有利用租赁业务"借鸡生蛋，以蛋还钱"的特点，可以解决企业的资金不足，减少资金占用，发展生产，提高效益。目前，租赁的形式很多，有经营租赁、代理租赁和融资租赁等。

2. 债权融资优势

银行信息分析具有规模经济特点：一方面，银行收集同样的信息具有规模经济作用；另一方面，分析大量信息本身也具有规模经济效益。

在长期"专业化"的融资活动中，金融机构发展了一套专业的技能。

银行对企业的控制是一种相机的控制。债权的作用在于：当企业能够清偿债务时，控制权就掌握在企业手中，如果企业还不起债，控制权就转移到银行手中。

银行具有信息收集的优势。银行有条件、有能力自己收集信息并分析企业投资、经营、分配、收益的状况，同时能在一个比较长的期间考察和监督企业，有助于防止"道德风险"的出现。

3. 债权融资的风险

债务融资相对股权融资风险种类较简单，主要有担保风险和财务风险。作为债务融资主要渠道的银行贷款一般有三种方式：信用贷款、抵押贷款和担保贷款，为了减少风险，担保贷款是银行最常采用的形式。

财务风险主要指企业的资产负债结构出现问题，当企业用债权方式进行融资时，财务费用的增加会给企业经营造成很大压力，理论上，若企业的净资产利润率达不到借款利率，企业的借款就会给企业股东带来损失。

债务融资会提高企业的资产负债率，降低企业再次进行债务融资的能力。如果企业无法通过盈利降低资产负债率，并获得足够的现金流来偿还到期的债务，等待企业的可能就是破产。史玉柱的巨人集团曾由辉煌一下子濒临崩溃，重要原因之一就是未做好对债务融资的管理。

股权融资

在企业融资的多种手段中，股权质押融资、股权交易增值融资、股权增资扩股融资和股权的私募融资，逐渐成了中小企业利用股权实现融资的有效方式。随着市场体系和监管制度的日益完善、产权市场为投融资者搭建的交易平台日益成熟，越来越多的中小企业开始通过股权融资有效缓解企业的资金问题。

1. 股权质押融资

股权质押融资，是指出质人以其所拥有的股权作为质押标的物，为自己或他人的债务提供担保。把股权质押作为向企业提供信贷服务的保证条件，增加了中小企业的融资机会。

对于中小企业来说，以往债权融资的主要渠道是以不动产抵押获取银行贷款。可是，大多数中小企业没有过多的实物资产进行抵押，为了帮助这些中小企业获得资金，各地政府提出利用企业股权质押进行融资。

股权质押融资，使"静态"股权资产转化为"动态"股权资产，帮助中小企业解决了融资困难。但也面临多种因素的制约：政策引导不足，没有权威性的指导文件作保障；缺少非上市公司股权交易市场，无法依托市场形成有效的股权定价机制，对非上市公司股权价值评估造成一定困难；银行参与不足，发放银行贷款的积极性不高。

以产权市场为基础，建立一个统一、规范、有序的非上市公司股权托管运行市场，可以给企业带来这样几个好处：有利于填补监管真空，维护股东权益；有利于实现股权有序流动，形成规范、活跃的区域股权交易市场；有利于提高企业股权公信力，拓宽投融资渠道，吸引社会资本；有利于构筑、培育、发展基础性资本市场服务体系，促进资本运作；有利于提高企业知名度，为股票公开发行、上市创造条件；有利于增强企业管理透明度，减少信息不对称，防止非法证券和非法集资活动，改善和净化金融环境。

股权质押融资的前提是托管。通过这一平台，设立一套由托管机构、企业、银行三方成功对接的有效机制，打造甄别企业信用情况和股权质地的评价体系，健全完善统一规范的股权交易市场，使出质人以其所持有的股权作为质押物，当债务人到期不能履行债务时，债权人就可以依照约定，就股权折价受偿，化解债权人风险，实现质押人融资的目的。

2. 股权交易增值融资

企业的发展演变主要分为四个阶段：家族式企业、家族控股式企业、现代企业制度和私募股权投资（见图3－3），每一个发展阶段都围绕着资本的流动与增值。企业经营者可以通过溢价出让部分股权来吸纳资本、吸引人才，推动企业进一步扩张发展。

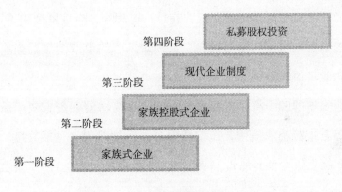

图3－3 企业发展演变的四个阶段

（1）如果企业成立之初是家族式，由出资人直接管理企业，并参加生产劳动。但是，由于排斥家族以外的社会资本和人才，企业在经营规模达到一定程度后，是很难做大做强的。经营者将企业资本折成若干股份，把一小部分出让给其他资本持有者，一方面，可以把受让股权的中小股东的资本集中起来，使其分别持有一定的股份并各自承担有限风险；另一方面，确保家族控股，吸纳外来资本和人才，发展成为家族控股式企业。

（2）家族控股式企业通过资本集中获得大量资源，可以实现经营规模的又一轮扩张。假设当初企业注册资本为每股1元，经过一段时间的有效运营后，资产规模会扩大，所有者权益会增加，原来的每股1元增值到每股5元，那么企业最初1000万元的资本，现值就是5000万元。

（3）现代企业制度适应了企业更大规模的发展。但是，企业经营向全球化、信息化发展后，面临日益严重的内部人控制和股东权利泛化问题，陷入巨大的信用危机。这时，企业会顺势进入私募股权投资阶段。

（4）私募股权投资，专指投资于非上市公司股权的一种投资方式。基金管理公司以股权形式把基金资本投资给标的企业。企业股东以股权换取大量资本注入，在按时完成约定后，股东可以按约定比例、约定价格从基金管理公司优惠受让并大幅增持企业股权。在这一过程中，企业既解决了资金问题，又提高了内部管理水平，使原来存在某种缺陷、约束或闭锁的企业获得解放和发展，企业价值迅速提升。

从企业发展的四个阶段可以看出，股权交易增值融资相较于债权融资和银行贷款等方式对企业信用、还款期限等方面的限制，是最直接、快速、有效的手段，在促进企业扩张性发展、提高社会资本的流动性和增值性等方面具有最现实的实际意义。

3. 股权增资扩股融资

增资扩股也称股权增量融资，是权益性融资的一种形式，是股份公司和有限责任公司上市前常用的融资方式。按照资金来源划分，企业的增资扩股可以分为外源增资扩股和内源增资扩股。外源增资扩股是以私募方式进行，通过引入国内外战略投资者和财务投资者，增强公司资本实力，实现公司的发展战略和行业资源的整合；内源增资扩股是通过原有股东加大投资，使股东的股权比例保持不变或者发生一定的改变，增加企业的资本金。

增资扩股融资的优点如下：

（1）能够扩大公司的股本规模，提高公司实力及影响力，降低资产负债率，优化资本结构，有利于提高公司的信誉。

（2）增资扩股利用股权筹集资金，所筹集的资金属于自有资本。与债务资本相比，一方面，能够提高企业的信誉和借贷能力，对于扩大企业的生产规模、壮大企业实力具有重要作用；另一方面，消除了还本付息的风险，资本始终存在于公司，除非公司破产。

（3）吸收直接投资不仅可以筹集现金，还能直接获得所需要的先进设备与技术，与仅筹集现金的筹资方式相比较，更能尽快形成生产经营能力。

（4）增资扩股实现企业改制，也是一个产权明晰的过程。外部股东加入后，可以利用外部股东的管理经验，建立有效的公司治理结构以及激励与约束机制。可以调整股东结构和持股比例，克服企业一股独大的缺陷，建立股东之间的制约机制。

（5）企业根据其经营状况向投资者支付报酬，企业经营状况好，要向投资者多支付一些报酬；经营状况不好，就可不向投资者支付报酬或少付报酬。形式灵活，没有固定支付的压力，财务风险较小。

（6）通过增资扩股不仅增加公司的净资产，还可增加公司的现金流量，有利于公司加大固定资产的投资，提高企业的产能、销售收入和净利润，加快企业发展，为上市创造条件。

4. 私募股权融资

近年来，随着全球的私募基金蜂涌进入中国，私募融资已成为非上市公司利用股权直接融资的有效方式之一。

私募股权融资是相对于股票公开发行而言的，以股权转让、增资扩股等方式通过定向引入累计不超过 200 人的特定投资者，使公司增加新的股东获

得新的资金的行为,其特点如下:

第一,私募股权融资的手续较为简便,企业能快速获得所需资金,且一般不需要抵押和担保。

第二,私募股权投资者,在所投资企业经营管理上非常积极主动,为企业提供经营、融资、人事等方面的咨询与支持,可以营造一种良好的内部投资者机制,为企业提供前瞻性的战略指导,帮企业更快地成长和成熟起来。

第三,有效运作所融资金,企业就可以扩大生产规模、降低生产成本,使资产增加,融资渠道多样化,从而获得更多的外部支持,提升品牌形象,提高内在价值。

除了政策支持,私募股权融资的发展还需要市场支撑(见表3-1)。产权交易市场满足了这个需求。PE通过产权市场,既可以广泛及时地发现值得投资的标的企业,也可以更加经济高效地退出,有效降低运作成本和交易费用,扩大投资标的范围,拓展发展空间。根据相关报道,天津、广州、河南、江西等地都在探索开展私募股权融资,充分发挥产权市场融资功能,满足企业融资需求。

表3-1 私募股权投资的特征表现

特征表现	具体释义
募集资金来源广泛	资金来源广泛,如富有的个人、风险基金、杠杆收购基金、战略投资者、养老基金、保险公司等
投资回报率高	非上市公司的股权投资流动性差,被视为长期投资,投资者会要求高于公开市场的回报
无须披露交易细节	各国法律和监管部门对私人股权投资基金没有严格的信息披露要求,只有行业协会制定的引导
投资期限较长	私募股权投资基金对企业的投资通常持有期限较长(平均3~5年),投资者对私募的投资期限则更长(平均10~12年)

续表

特征表现	具体释义
一般投资非上市企业	一般投资于私有公司及非上市企业，绝少投资于已公开发行的公司，不会涉及要约收购义务
多采取有限合伙制	私募股权投资机构多采用有限合伙制，这种企业组织形式有很好的投资管理效率，并避免了双重征税的弊端
多采取权益性投资方式	多采取权益型投资方式，绝少设计债权投资，PE投资金钩也因此对被投资企业的决策管理享有一定的表决权。反映在投资工具上，多采用普通股或者可转让有限股，以及可转债的工具形式
推出渠道多样	私募股权投资基金作为一种金融资本，并不以控制目标企业为目的，这是与产业资本的区别，最终以获得资本增值为目的的推出。推出渠道有 IPO、出售、兼并收购、标的公司管理层回购等方式，投资推出渠道多样化

众筹融资

所谓众筹，指的是大众筹资或群众筹资。广义的众筹指的是，利用互联网和社交网络传播的特性，让中小微企业家、艺术家或个人，对公众展示他们的公司项目或创意，争取公众的关注与支持，获得所需要的资金，完成融资目标，国内代表性的平台如点名时间，大家投等，其精髓是小额、大量、低门槛。

众筹的构成有：发起人，有创造能力，但缺乏资金的人；支持者，对投资者的项目和回报感兴趣且有能力支持的人；平台，连接发起人和支持者的互联网终端。

众筹，通常要遵守这样几条规则：筹资项目必须在发起人预设的时间内达到或超过目标金额才算成功；在设定天数内达到或者超过目标金额，募集成功发起人将可获得资金，筹资项目完成后，网友将得到发起人预先承诺的回报，回报方式可以是实物，也可以是服务；如果项目筹资失败，已获资金全部退还支持者；众筹不是捐款，支持者的所有支持，一定要有相应的回报。

众筹的特征有这样几个：低门槛，无论身份地位、职业年龄、性别，只要有想法、有创造能力的人都可以发起项目；多样性，众筹的方向具有多样性，点名时间网站上的项目类别包括设计、科技音乐、影视食品、漫画出版、游戏摄影等；依靠大众力量，支持者通常是普通的民众，而非公司或风险投资人；注重创意，发起人必须先将自己的创意达到可展示的程度，才能通过平台的审核，而不单单是一个概念或者一个点子。

众筹平台分类如下：

（1）债权众筹，投资者对项目和公司进行投资，获得一定比例的债券，未来获取利息收益并收回本金，我给你钱，你还我本金和利息。

（2）股权众筹，投资者对项目或公司进行投资，获得其一定比例的股权，我给你钱，你给我公司股份。

（3）回报众筹，投资者对项目或公司进行投资，获得产品或服务，我给你钱，你给我产品或服务。

（4）捐赠众筹，投资者对项目或公司进行无偿捐赠，我给你钱，你什么都不用给我。

第四节　企业融资工具

路演工具

路演是最务实的招商方法，如果企业没有实力运作大型招商获得，完全可以采用这种方法。这种朴实的招商模式，不但不会产生更多费用，还会由自己操作市场，让自己赚到钱。

　　天之泉（化名）饮料公司主营薄荷味水和矿物质水，成立于 2002 年，公司刚一成立，就要面对十分严峻的市场环境。经过 1 年的市场运作，天之泉饲料公司通过自营市场，积累了一批忠诚的二级批发商，但想扩大市场规模，还得靠大批一级经销商来支持。由于企业实力有限，用什么样的办法引起市场关注，找到适合的经销商，在 2003 年的这场夏季战中打一场漂亮的翻身仗？老总和营销经理对此伤透了脑筋。

　　通过了解市场，天之泉饮料公司确定将薄荷水作为主打产品，通过创新招商方式，迅速建立起了自己的销售网络。对此，公司领导确定了"路演招商，结网市场"的策略。

　　策略确定后，天之泉饮料公司通过到热门商业街铺货、散发宣传单页、活动陈列等方式制造声势。并成功在路演过程中，锁定了几个有潜力的合作商。

　　这里所谓的路演，是指由公司派相应的销售人员，在指定区域内的通路上进行现场销售的活动。目的是通过这一方式，吸引并影响经销商和相关业务人员，进而使经销商接受企业产品，最终实现在指定区域内完成招商的目的。

　　路演最初的目的就是吸引人们关注，天之泉饮料公司的初衷，不仅是要引起别人的关注，还要让别人特别是经销商认可自己。此时，企业的工作重点就从寻找经销商变为甄别和确定经销商了。

　　如今，为了实现宣传、推介的目的，路演已经成为很多中小企业融资时常用的手段。但是，路演也是一个系统工程，在此之前必须要做好充足的准备，例如，制作商业计划书、挑选演讲人、选择路演场合等。那么，中小型企业在进行融资路演时，应该注意哪些问题呢？

1. 准备一份适当的商业计划书

一般来说，路演有一定的时间限制，针对不同规模的路演，每个企业有5~20分钟的展示时间。对此，一定要根据所参加路演的不同类型，制作适当的商业计划书。

不少领导者习惯在交流过程中夸夸其谈，也许你对自己的企业很了解，但落实到商业计划书上，就变得逻辑混乱，需要慢慢梳理。所以说，商业计划书不仅是做给投资人看的，领导者自己也要看。因此，借助一份商业计划书，把企业过去、现在、未来的发展历程梳理一遍，也是很有必要的。

商业计划书需要根据企业自身特点和行业特点来写，制作应简明、灵活。作为路演演讲人的辅助工具，一份商业计划书不用涵盖所有的内容，只要选择一些有代表性的关键词、句，加以直观的图片、统计数据等形成PPT，简洁说明即可。如果演讲时间允许，还可以利用短视频来配合展示。

2. PPT文字说明以简单、精准为主

在做路演PPT时，一定要讲究技巧，千万不能长篇大论、照本宣科，用简单明了的图表、数据就可以了，最多配上一些简短的总结性、强调性的文字。路演多数时候需要演讲人自己去讲，而不是让投资人费劲地去看。

3. 讲一个既有逻辑又带感情的故事

路演在形式上更多的是在表达、传递，就好像在给投资人讲故事，因此要把企业的历史、现状、未来都讲给投资人听。

当然，能否让对方听懂你的故事，并打动投资人，需要演讲人把握好逻辑和感情。讲故事重点不在讲，而在于沟通、传递感情，要通过专业人士的指导，并进行多次的模拟演练。

2008年，苹果公司在MacBookAir的发布会上，乔布斯把极其纤薄的笔记

本电脑从信封里拿出来的那一刻，所有人都被震撼了。一个简单的动作，有时比千言万语更令人印象深刻。

4. 选好合适的演讲人

当然，企业领导者是最好的演讲人，不管你的企业处在哪个阶段，都最好由企业领导来进行路演展示。因为领导者代表了企业的灵魂，是企业的核心人物，最清楚企业的发展方向。

5. 说出痛点，讲出亮点

观众都喜欢听有亮点的故事。如果企业的产品能够真正解决用户的痛点，就要大胆强调出来，让人眼前一亮。小米 MIUI8 的发布会，只用了一些简单的文字、明了的图片，就把 MIUI8 能解决的痛点都讲明了，这就是产品的亮点。

6. 比投资人更了解该行业

要想让你的企业获得投资人的认同，最起码要对你所处的行业有更广泛、更深入的了解，通常要比投资人知道得多。

投资人虽然对各行各业都会关注，但未必能了解得那么透彻。所以在路演时，要抓住有限的时间，讲你所处的行业，不要上来就谈产业概念、追风口，在这方面投资人比你清楚得多。

要告诉投资人，你所处行业的现状是什么？你们处在什么阶段？你的上下游有哪些？存在哪些进入壁垒？你的竞争对手有哪些？你和他们的区别？你所处的行业利润率怎样？

7. 突出团队优势，尤其是核心人物

投资人往往不仅关注企业，更关注企业领导者。一般的投资，投企业就是投人。我们经常可以听到投资人这样说："我们做投资的对这方面的技术

不太懂，但一见到草根出身的老板，能在一个行业里兢兢业业做20年，这种专注是我非常认同的。"很多投资就是被这个关键因素促成的。所以说，好企业要靠好团队，好团队要靠优秀的核心人物，这在企业融资过程中是最重要的。

8. 务实最重要

路演不仅是给企业做展示，也是在展示演讲人本身。作为路演演讲人，切忌说空话、吹牛皮，务实才是硬道理。

值得注意的是，在路演招商过程中，潜在经销商会一直关注你的企业，所以参与路演招商的人员素质一定要高，而且要具备迅速解决突发问题的能力。假如你的公司有人才、没资金，采用路演招商，显然是不错的选择。

市值管理工具

市值管理概念源于"价值管理"理论，又称基于价值的管理（Value - based Management，VBM）。

早在20世纪50年代，Modigliani和Miller率先提出了"企业价值"的概念，并在此基础上构建了基于现金流量的价值评估体系，为价值管理理论的发展奠定了基础。

Copeland和Koller对价值管理的概念和准则进行了分析，他们认为，只有当资本回报超过资本成本时公司价值才被创造，并且价值管理是贯穿于公司的整体战略和日常经营决策中，将公司愿景、价值动因分析、评估工具和管理行为紧密联系在一起，以股东价值最大化为准则的管理架构。

市值管理所追求的长期目标是促使股价充分反映公司内在价值，实现公司产品市场和资本市场的协调发展。从我国上市公司进行市值管理的实践经验来看，市值管理往往源于一些特定的、阶段性的需求和目标，例如，通过市值管理提升企业在行业中的地位、增强企业的收购与反收购能力、降低上市公司或上市公司股东的融资或再融资成本、提升股东权益、实现股东财富增值等。

根据不同的需求和目的，上市公司往往会选择多种工具和模式来进行市值管理，例如资产重组、定向增发、股权激励、大宗交易、融资融券等。

1. 资产重组

所谓资产重组是指，企业改组为上市公司时对原企业的资产和负债进行合理划分和结构调整，经过合并、分立等方式，将企业资产和组织重新组合和设置。狭义的资产重组仅指对企业的资产和负债的划分和重组，广义的资产重组还包括企业机构和人员的设置与重组、业务机构和管理体制的调整。目前，所指的资产重组一般都是指广义的资产重组。

资产重组可以采取多种途径和方式。在西方市场经济发达的国家，资产剥离和并购是资产重组的两种基本形式。资产剥离是指，将那些从公司长远战略来看处于外围和辅助地位的经营项目加以出售；并购主要涉及新经营项目的购入，其目的是增强公司的核心业务和主营项目。

企业资产重组过程往往伴随着资产剥离和收购兼并。具体到我国来说，伴随着国有企业改革的深化，资产重组方式多种多样，归纳起来有公司制改组、承包、租赁、企业兼并收购、托管、外资嫁接改造、破产重组等。其中，公司制改组、企业兼并和破产是资产重组的三种主要模式。

（1）公司制改组。国有企业建立现代企业制度的过程就是对国有企业进行公司制改造、改制的过程，实质上就是资产重组过程。无论是国有企业改组为上市的股份公司，还是改组为有限责任公司，都不可避免地对原有企业的资产进行剥离和重新组合。我国企业股份制改组经过数年的试点，探索出四种行之有效的模式，如图 3-4 所示。

图 3 – 4　我国企业股份制改组四种行之有效的模式

1）整体改组模式。整体改组模式是指，本企业以整体资产进行重组，并对比较小的非经营性资产不予剥离而改组设立新的法人实体，原有企业解散。这种模式一般适用于新建企业或"企业办社会"现象较轻的企业。

采用这种模式，企业不需要对其资产进行剥离，并联交易少，重组过程较为简单，重组时间较短；但是企业在重组时不能剥离不产生效益或效益低下的资产，不能裁减冗员轻装上阵，这是整体改组模式最大的弊端，仍可能存在国有资产的潜在流失。

2）整体改组分立模式。整体改组分立模式是上市公司最为常见的模式，主要有两种形式："一分为二"重组模式（原本企业法人解散型），即原企业经过重组后已分为两个或多个法人，原法人消亡，但新法人仍然属于原所有者；主体重组模式（原企业法人保留型），这一类型从原企业重组中拿出生产经营性资产进行股份制改造，变成上市公司；其余非生产性资产作为全资子公司隶属于改组的控股公司。这一模式与"一分为二"重组上市的关键区别就在于原企业保留法人地位，成为控股公司。

3）新建聚合重组模式。这种模式主要适用于集团企业且集团企业中的生产性企业与非生产性企业界限较为清楚，指的是，企业以一定比例资产和业务进行重组，设立一个法人实体。这种重组模式涉及的是集团内部资产的结构调整，重组难度不大，重组时间不需很长，可以克服集团公司太大而下属企业又太小的矛盾；构造出的股份公司结构合理，规模适中，可以增强集团公司的管理能力和控制能力；新建股份公司重组上市，成为整个集团公司吸收社会资金的组织载体，开辟了新的融资渠道，集团能以较小的资本投入控制较大规模的资产。

4）共同重组模式。共同重组模式是指多个企业，以其部分资产、业务、资金债权，共同设立一个新的法人实体，其中的一个或两个企业在新实体中占有较大的份额。这一模式在上市公司极少运用，但对非上市公司而言，各种类型的企业都可以采用。

（2）兼并、合并和收购重组。兼并与收购是市场经济中资产重组的重要形式。

1）兼并是指，两个或两个以上的公司通过法定的方式重组，重组后只有一个公司继续保留其合法地位。

2）合并是指，重组以后，原有公司都不再继续保留其合法地位，而是组成一个新公司。

3）收购是指，一家公司在证券市场上用现金、债券、股票购买另一家公司的股票和资产，获得对该公司的控制权，该公司的法人地位并不消失。企业的兼并与收购往往同时进行，成为并购。

企业购并作为资产重组的重要杠杆，具有以下作用：能够在短时间内迅速实现生产集中和经营规模化；有利于减少生产同一产品的行业内过度竞争；可以减少资本支出；有利于调整产品结构，加强优势产品，淘汰无前途、无市场的产品，加快支柱产业的形成，促进产业结构的调整；可以实现资本的优化。

（3）破产重组。破产重组，最广义的含义包括企业倒闭和清算。清算是公司依法被宣布完全解体，资产全部变卖，进行偿债，因而会产生一种企业淘汰方式的资产重组。

破产不只是企业倒闭、清算，还包括依法重组和调整。狭义的破产重组使企业依法进行财务整顿后存活下来。调整是在法庭之外，债权人和债务人进行的和解存活。可见，重组和调整均是资不抵债而破产的企业，经过财务整顿，实现资本结构重组，经过调整领导班子，转变生产经营计划，获得重生。

破产清算仍是破产的主要形式，可以有效促进资产的流动、再配置和再组合，起着结构调整和扶优汰劣的作用。

2. 定向增发

定向增发是指，上市公司向符合条件的少数特定投资者非公开发行股份的行为，规定：发行对象不得超过 10 人，发行价不得低于公告前 20 个交易日市价均价的 90%，发行股份 12 个月内（认购后变成控股股东或拥有实际控制权的 36 个月内）不得转让。

定向增发包括两种情形：一种是大投资人（例如外资）欲成为上市公司战略股东甚至成为控股股东的；另一种是通过定向增发融资后去并购他人，迅速扩大规模。

按照定向增发的对象、交易结构，定向增发分为以下三种模式，如图 3 - 5 所示。

（1）资产并购。整体上市受到市场比较热烈的认同。

鞍钢、太钢公布整体上市方案后股价持续上涨，原因主要在于：

1）整体上市对业绩的增厚作用。整体上市条件下，大股东持有股权比例大幅度增加，未来存在更大的获利空间，所以在增发价格上体现了对原有流通股东比较有利的一定优惠。

2）减少关联交易与同业竞争的不规范行为，增强公司业务与经营的透明度，减少控股股东与上市公司的利益冲突，有助于提升公司内在价值。

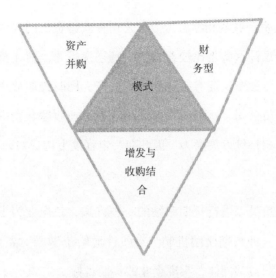

图 3 – 5　定向增发的模式

3）对于部分流通股本较小的公司，通过定向增发、整体上市增加上市公司的市值水平与流动性。

（2）财务型。主要体现为通过定向增发实现外资并购或引入战略投资者。

财务性定向增发其意义是多方面的：

1）有利于上市公司比较便捷地实现增发事项，抓住有利的产业投资时机。如京东，在第五代 TFT – LCD 生产线的上游配套建设正非常吃力时，公司产品成本下降空间有限，如果能顺利实现面向控股股东的增发，有效解决公司的上游零部件配套与国产化问题，公司的经营状况将会获得极大的改善。

2）定向增发成为引进战略投资者，实现收购兼并的重要手段，例如华新水泥向第二大股东 HOLCIM 定向增发 1.6 亿股后，第二股东成为第一大股东，实现了外资并购。

此外，对于一些资本收益率比较稳定而资本需求比较大的行业，如地产、金融等，定向增发由于方便、快捷、成本低，容易得到战略投资者认可。

（3）增发与资产收购相结合。上市公司在获得资金的同时反向收购控股股东优质资产，预计这将是比较普遍的一种增发行为。对于整体上市存在明显困难，但是控股股东又拥有一定的优质资产，同时控股股东财务又存在一定变现要求的上市公司，这种增发行为由于能迅速收购集团的优质资产、改善业绩空间或公司持续发展潜力，因此在一定程度上构成对公司发展的利好。

3. 股权激励

股权激励是对员工进行长期激励的一种方法，是企业为了激励和留住核心人才而推行的一种长期激励机制。有条件地给予激励对象部分股东权益，使其与企业结成利益共同体，实现企业的长期目标。

（1）业绩股票。指的是，在年初确定一个较为合理的业绩目标，如果激励对象年末达到预定的目标，则公司授予其一定数量的股票或提取一定的奖励基金购买公司股票。业绩股票的流通变现通常有时间和数量限制。

（2）股票期权。指的是，公司授予激励对象的一种权利，激励对象可以在规定的时期内以事先确定的价格购买一定数量的本公司流通股票，也可以放弃这种权利。股票期权的行权也有时间和数量限制，且需激励对象自行为行权支出现金。

（3）虚拟股票。指的是，公司授予激励对象一种虚拟的股票，激励对象可以据此享受一定数量的分红权和股价升值收益，但没有所有权，没有表决权，不能转让和出售，在离开企业时自动失效。

（4）股票增值权。指的是，公司授予激励对象的一种权利。如果公司股价上升，激励对象可通过行权获得相应数量的股价升值收益，激励对象不用为行权付出现金，行权后获得现金或等值的公司股票。

（5）限制性股票。指的是，事先授予激励对象一定数量的公司股票，但对股票的来源、抛售等有一些特殊限制，一般只有当激励对象完成特定目标

（如扭亏为盈）后，激励对象才可抛售限制性股票并从中获益。

（6）延期支付。指的是，公司为激励对象设计一揽子薪酬收入计划，其中有一部分属于股权激励收入，股权激励收入不在当年发放，而是按公司股票公平市价折算成股票数量，在一定期限后，以公司股票的形式或根据届时股票市值以现金方式支付给激励对象。

（7）经营者/员工持股。指的是，让激励对象持有一定数量的本公司的股票，这些股票是公司无偿赠予激励对象的或者是公司补贴激励对象购买的，或者是激励对象自行出资购买的。激励对象在股票升值时可以受益，在股票贬值时受到损失。

（8）管理层/员工收购。指的是，公司管理层或全体员工利用杠杆融资购买本公司的股份，成为公司股东，与其他股东风险共担、利益共享，改变公司的股权结构、控制权结构和资产结构，实现持股经营。

4. 融资融券

融资融券交易，又称信用交易，分为融资交易和融券交易。

通俗地说，融资交易就是投资者以资金或证券作为质押，向证券公司借入资金用于证券买入，并在约定期限内偿还借款本金和利息；投资者向证券公司融资买进证券称为"买多"；融券交易是投资者以资金或证券作为质押，向证券公司借入证券卖出，在约定的期限内，买入相同数量和品种的证券归还券商并支付相应的融券费用；投资者向证券公司融券卖出称为"卖空"。

需要说明的是，上面的这些仅是企业特定需求下一些典型的市值管理工具，在实际操作中通常混合在一起。例如，企业可通过并购重组战略做大做强，以实现市值的稳定增长，但具体到单次的并购行为，往往需要进行再融资。

资本的退出

私募股权投资机构的退出流程一般按如图 3 - 6 所示的顺序展开。

图 3 - 6 私募股权投资机构的退出流程

第四章　文化与组织

文化的起点是愿景使命价值观，文化决定了战略。

顶层设计要从文化的提升开始，互联网时代的顾客需要更高的体验感、参与感，需要企业在文化的设计上加入更多人文关怀。

第一节　什么是企业文化

首先，文化是一种复杂的行为模式。其次，文化不是指个别人或者少数人，而是指某一群体共同的行为模式。再次，文化是一个综合概念，几乎包括了人类的所有行为领域，但其核心是人们的价值观。最后，根据不同的价值标准，又能把文化划分为不同类型的文化或亚文化（一个比较小的社会中的文化）。

弄清了文化，也就知道什么是企业文化了。简而言之，所谓的企业文化就是发生在企业中的文化。但是，在现实中，对于企业文化，国内外却众说纷纭，莫衷一是。

1. 国外

（1）威廉·大内认为，传统和气氛构成了一个公司的文化。同时，公司文化意味着一家公司的价值观，如进取、守成灵活。这些价值观构成了员工活动、意见和行为的规范。管理者要身体力行，把这些规范灌输给员工，并代代相传。

（2）沃特曼和彼得斯在《成功之路》中认为，企业将其基本信念、基本价值观灌输给员工，形成上下一致的企业文化，可以促使广大员工为自己的信仰而工作，继而产生强烈的使命感，激发出最大的想象力和创造力。

（3）迪尔和肯尼迪认为，企业文化由5个方面的要素组成：

1）企业环境。会对企业文化的形成和发展起到关键作用。

2）价值观。是企业文化构成的核心因素。

3）英雄人物。他们将企业价值观人格化，为员工提供具体的楷模。

4）礼节和仪式。是企业的日常惯例和常规，向员工表明了企业期望的行为模式。

5）文化网络。是企业内部主要的"非正式"联系手段，是企业价值观和英雄人物传奇的"运载媒介"。

总的来说，西方学者比较统一的看法是：企业文化的主要内涵是价值观，指的是企业组织内部所形成的独特的文化观念、价值观念、信念、历史传统、价值准则、行为规范等。依靠这些文化，可以将企业内部的各种力量统一在共同的指导思想和经营哲学下。

2. 国内

（1）"五层次论"认为，企业文化有五个层次：

1）在领导者与普通员工之间树立起一种适合本企业利益的价值观，采取一系列办法来激励全体成员的积极性，使他们爱企业，能为企业的繁荣与成功奋斗，提高管理水平，取得良好效益。

2）提高企业家的经营文化和管理文化水平。

3）提高普通员工的文化水平、文化素质，丰富员工的文化生活。

4）对企业外部的社会文化事业发展做出贡献。

5）领导者认真研究问题，提高参与宏观决策的意识。

（2）有的人认为，企业文化是企业在长期的经营过程中、在总结成功和失败教训的基础上，由经营者提炼和培育起来的经营管理方法，符合本企业的特点；还是企业群体共同认可的特有的价值观念、行为规范和奖惩规则。

（3）有的人认为，企业文化由管理思想和管理实践两部分构成。从管理思想的角度看，企业文化是企业管理部门通过自己的管理实践，精心培植、倡导、塑造的一种全体成员共同遵守、奉行的价值观念、基本信念和行为准则。从实践角度看，其构成要素主要包括企业宗旨、价值观念、行为规则、道德规范、人员素质、企业形象等。

（4）有的人认为，企业文化分广义和狭义两种。广义上的企业文化，是指企业在生产经营过程中形成的企业物质文化、制度文化和精神文化的总和；狭义上的企业文化，则是指企业在长期的经营实践中形成的、需要员工自觉遵守和奉行的共同的价值观念、经营哲学、精神支柱、伦理道德、典礼仪式、智力因素和文娱生活的总和。

（5）有的人认为，企业文化包括企业在长期生产经营中形成的管理思想、管理方式、群体意识和行为规范。其出发点和归宿是尊重和坚持员工的主人翁地位，可以提高员工的思想道德素质和科学文化素质，从各个环节调动各种积极因素，形成合力，实现物质文明和精神文明的共同进步。这里，包含"人"和"物"两方面的管理，以"人"的管理为主。

……

总体来看，企业文化是在企业长期的经营活动中，不断总结成功经验和失败教训后逐渐形成和发展起来的，其核心内容是企业精神和企业价值观。

企业是一种以盈利为目的的经济组织，是一种经济存在，也是一种文化存在。在企业发展的过程中，管理者不仅要重视资金、技术、设备和组织结构等经济要素的安排和配置，还要应用和发挥企业经济要素的作用。这些非经济要素（即软件要素）对企业的生存与发展有着更为重要的决定性作用，可以在员工内心建立起一定的自觉性。

企业文化是企业作为一个社会群体特殊存在的形式，是企业的生存和发展方式。其具体表现为：企业整体的思想、心理和行为方式，通过生产、经营和组织的运营而表现出来。

第二节　顶层设计为什么从企业文化开始

美国某著名理学家认为，管理不只是学科，更是一种文化，管理也具有自身的价值观、信仰、工具和语言；文化可以约束管理，而管理本身也是一种文化。

管理之所以是一种文化，很大一部分原因就在于，文化在管理的过程中有着无可取代的作用，而人同时作为管理的主体和客体，无时无刻不受到文化的影响，在管理或被管理的过程中都会受到不同文化背景的影响。所以，人在管理或被管理的过程中，都会将文化反映出来。

同样，文化对企业的管理和发展的作用也举足轻重。企业文化影响着员工工作时的言谈举止及其他工作行为。企业文化有着特殊的潜移默化的凝聚力，可以改善员工之间的关系，使员工的思想得到统一，更大程度地培养员工的企业意识，而且可以树立企业的品牌形象，提高企业的声誉。

企业文化对组织行为的推动作用

企业文化是企业在生产经营实践中逐步形成的，为全体员工所认同并遵守的、带有本组织特点的使命、愿景、宗旨、精神、价值观和经营理念，以及这些理念在生产经营实践、管理制度、员工行为方式与企业对外形象的体现的总和。企业文化是企业的灵魂，是推动企业发展的不竭动力。它有非常丰富的内容，包括企业物质文化、企业行为文化、企业制度文化、企业精神文化形态，其核心是企业的精神和价值观。

组织行为是指组织的个体、群体或组织本身从组织的角度出发，对内源性或外源性的刺激所做出的反应。就是利用正式群体中的组织结构与分工、权利与责任以及信息沟通等手段，调动群体内部每个成员的积极性，以最大的群体合力保证目标的实现。

1. 引导

企业文化对企业的领导者和员工起引导作用。企业的经营哲学决定了企业经营的思维方式和处理问题，这些方式和法则又会指导经营者进行正确的决策，指导员工采用科学的方法从事生产经营活动。

同时，企业共同的价值观念规定了企业的价值取向，使员工对事物的评判形成统一的认识，有着共同的价值目标和价值取向，促使企业的所有领导者和员工努力实现所认定的价值目标。

企业目标代表着企业发展的方向，没有正确的目标就等于迷失了方向。完美的企业文化会从实际出发，以科学的态度制订企业的发展目标。企业全体员工在这一目标的指导下不断提高工作效率，不断创新与变革，向着这一目标不断进行生产经营活动。

2. 约束与规范

企业制度是企业文化的内容之一。企业制度体系是企业全体员工在企业生产经营活动中须共同遵守的规定和准则的总称，其表现形式或组成包括法律与政策、企业组织结构（部门划分及职责分工）、岗位工作说明，专业管理制度、工作流程、管理表单等各类规范文件。企业的规章制度是企业内部的法规，企业的领导者和员工必须遵守和执行，有效规章制度对企业领导者和员工形成约束力，约束并规范企业领导者和成员的行为。

3. 凝聚

良好的企业文化以人为本，尊重人的感情，能够在企业中形成一种团结友爱、相互信任的和睦气氛，强化团体意识，使员工之间形成强大的凝聚力、向心力和归属感，能够增强员工的责任感。企业共同的价值观念形成了共同的目标和理想，员工把企业看成是一个命运共同体，看成是实现共同目标的重要组成部分，整个企业步调一致，形成统一的整体。

4. 激励

共同的价值观使每个成员都有一种归属感，能够感受到自己存在和行为的价值。根据马斯洛的需求层次理论，自我价值的实现是人的最高精神需求的一种满足，这种满足必将形成强大的激励作用。在良好融洽的文化氛围中，领导与员工、员工与员工互相关心，互相支持。特别是领导对员工的关心，会让员工感到受人尊重，振奋精神，从而更加努力工作，工作效率也越来越高。

另外，企业精神和企业形象对员工有着极大的鼓舞作用，特别是具有良好的企业文化，员工会产生强烈的荣誉感和自豪感，他们会加倍努力，用自己的实际行动维护企业的荣誉和形象。同时还会对社会产生巨大的影响，在社会上塑造良好的企业形象，赢得公众的信任与支持。

5. 社会影响

企业文化关系到企业的公众形象、公众态度、公众舆论和品牌美誉度。企业文化不仅在企业内部发挥作用，对企业员工产生影响；也能通过传播媒体、公共关系活动等各种渠道对社会产生影响，向社会辐射。企业文化的传播对树立企业在公众中的形象有很大帮助，优秀的企业文化对社会文化的发展有很大的影响。企业文化建设有助于企业成为社会的优秀成员，对社会乃至环境都有积极的影响。

进行文化建设，推动顶层设计

市场竞争愈加激烈，需要不断应对来自国内外的各种挑战。而想要实现有效企业管理，保持企业可持续发展，就必须实现企业管理制度和企业文化之间的有效融合，达到共生与双向互动。作为企业管理者，对管理制度和企业文化要进行深入的剖析，正确处理两者之间的关系已成为当今企业提高核心竞争力的重要途径。企业文化涵盖了企业的物质文化、行为文化、制度文化和精神文化，不管是企业的外在表现，还是内在精神，都是企业文化的构成部分。

1. 完善企业管理制度

企业管理制度化过程是推动企业文化发展的重要手段，而如何让员工认同公司的文化并转化为自己的工作行为，是企业文化建设的关键部分。体现企业核心理念的企业制度可以强化企业文化，经过长期反复实践与完善，成为员工共同认可的思想。企业要健全和完善相关的规章制度。做到制度分明，惩罚分明。

2. 塑造企业价值观

企业价值观是一种以企业为主体的价值取向，是企业内部绝大部分人共同认可的价值观念，是由企业和员工的需要构成的价值体系，是企业文化的基础、核心和实质。企业价值观也是企业在追求经营成功的过程中所推崇和信奉的基本行为准则。

企业的创新、文化的特征都是以此为源泉的；企业的基本抉择、行为规范是以此为轴心加以调节、变动的；企业的存续、发展都是以此为核心而维系的。

企业价值观的塑造可以从领导者和员工两个方面进行，对于领导者来说，要从以下三方面做起：

（1）领导者必须以自身的倡导和示范，使员工积极支持和参与企业文化建设，创建独具特色的企业文化。

（2）培养员工的企业意识，即员工对本企业价值观的理解与认识程度，包括对企业性质和特征的认识，对企业生存、发展、兴衰的责任感等。

（3）努力营造良好的企业内部环境，优化用人环境、合作环境和竞争环境。营造一种知识分享、员工和谐相处的气氛；为员工提供培训机会，将其培养为既信奉企业核心价值观念，又在实际工作中有优秀业绩的优秀员工；建立与企业核心价值观相一致的奖励制度并严格执行。

3. 强化企业目标

第一，要清楚企业面临的形势和任务，清楚企业的年度目标和存在的问题，进一步振奋精神，让每名员工把思想和行动都统一到企业发展的思路上来。

第二，要加强个人目标教育。通过形式多样的目标教育，促进员工树立远大的人生理想和追求目标。同时要注意分解企业各项任务指标，让员工在工作中有压力、有方向，增强员工的责任感、使命感和紧迫感，为员工搭建表现才能、实现自我价值的舞台，激发员工的创造智慧，有效提高员工的自身素质，提升人生价值。

第三，要引导员工把个人目标同企业发展目标有机地结合起来。要实现企业目标，就要有优秀的企业文化凝聚人心，使员工相互依赖、相互促进，用团结协作、团结奉献的信念去为企业的发展奉献自己，实现人生价值，从而实现企业和员工的共同发展。

4. 突出

以人为本的管理方式是现代企业的系统管理方式，基本着眼点是以人为中心，含义是依靠人、开发人的潜能、尊重每一个人、塑造高素质的员工队伍、实现人的全面发展。突出人本管理，要从以下五方面做起：

（1）要营造企业内外部的和谐氛围，尊重员工、理解员工，尤其要尊重员工的劳动。

（2）要通过企务公开、召开职代会等民主管理形式，疏通领导与员工之间交流思想的渠道，使员工有知情权、建议权、监督权和质询权。

（3）要真心实意地为员工办实事、做好事，解决员工生活工作中的具体困难和问题。

（4）管理者要注重自身建设，以身作则，自觉规范行为，发挥好示范和表率作用，用自己的理念、行为去影响人、管理人。

（5）要丰富成员文化生活，通过集体活动，如竞赛、联欢等，让员工意识到团结就是力量、团结能启迪人的智慧、团结能推动生产力的发展。只有努力营造一个轻松和谐的工作环境，才能更有效地激发人的活力，企业文化建设才更具活力。

第三节　企业与品牌

什么是品牌？所谓品牌就是增加了的产品溢价，是植根于顾客心中对产品和企业的认知。包装、大小、颜色等都不是品牌，而你的故事则是企业对顾客的人文关怀。

三流企业卖产品，二流企业卖品牌，一流企业卖文化！为什么做山庄酒店会亏本，迪士尼入驻上海，人们却要排队？虽然很多去过的人都认为东西难吃，热得要死，但为什么还要去？因为这种文化已经被植根在人们心里。

企业的愿景、使命、价值观是文化的起点，回答了我们要去哪里、我们怎么实现、我们的原则是什么等问题。这些都不是给自己看的，需要通过活动体现出来，呈现给周围的人和客户。不仅要让他们去看，还要被感动，被铭记。

在发展的第一个阶段，企业通常只关心一件事：如何在最短的时间里将东西卖掉，把钱拿回来。但是，当企业发展到一定规模的时候，我们要思考的是：如何用文化、用故事、用我们对顾客的关怀把客户留下，建立起真正的顾客黏性、让顾客对你产生信赖感，完成企业的价值延伸。这不能靠时间来沉淀，需要每天践行！

品牌力的塑造要靠企业文化来支撑！企业文化表明了：企业奉行什么样的经营哲学，企业通过完善和健全现代企业制度要达到什么目标……企业文化代表着公司的价值观，是现代企业品牌经营的一个重要内容，具有约束、导向、融合、凝聚、娱乐和辐射等作用。

品牌是一个具有文化属性的概念，是企业文化的标志，其内涵包括了企业文化的各个方面。品牌文化的建立与运营，需要企业文化的支持和依托。

品牌的物质基础是产品，精神基础是企业文化！企业文化一般都建立在企业的管理基础上，这是一个相对封闭的系统，主要面对企业内部。在长期经营的基础上，企业文化会随着企业的发展慢慢积累、成型，要经历一个由不自觉到自觉、由无系统到系统的过程，需要不断总结、提炼和提升。

品牌文化是在企业的销售环节上建立起来的，是一个完全开放的系统，主要面对企业外部，主体是物或可物化的存在。需要在总结市场竞争状况、自身产品状况、消费者因素的基础上精心策划，需要在激烈的市场竞争中，给产品确定一个清晰的定位，不仅要塑造鲜明独特的形象，还要与消费群体的性格、消费习惯、年龄等保持一致。

品牌与文化关系

品牌与文化的区别可以从以下三方面来理解：

1. 从概念上理解企业文化和品牌

所谓企业文化，就是企业信奉并付诸实践的价值理念。也就是说，企业信奉和倡导并在实践中真正实行价值理念。其不仅是影响企业行事规则的最重要的无形财富，还是现代企业最具战略性的管理思想与管理方法，更是直接影响企业核心竞争力、决定企业兴衰的关键因素。主要包括企业哲学、企业精神、企业目标、企业形象、企业制度、企业管理、企业道德、企业素质、企业秩序等。

2. 企业文化与品牌之间的关系

在企业的不断发展中，企业文化与品牌都会对企业的长远发展产生深远的影响，更会对企业的成败兴衰起到决定性作用；从战略高度来讲，企业文化和品牌都必须支持"战略实现"和"战略的落地"。

企业文化与品牌都是核心竞争力的必然要素，都是塑造企业影响力、控制力、领导地位的有力武器。其中，企业的核心价值观起着决定性作用，能够为品牌和企业文化建设指明方向。同时，两者的建设都是缓慢和持久的，经营和管理的方方面面都会影响建设质量。

企业文化与品牌是企业核心竞争力形成的必要因素，但是企业文化强调内部，属于价值观和管理的范畴；而品牌强调外部效应，基本属于经营的范畴。外部效应内部化，内部效应外部化，是企业发展的一种必然趋势。

企业追求的终极目标是实现品牌价值的最大化。企业文化不仅有助于战略落地，还可促进品牌价值的提升。企业文化是实现品牌价值的手段和保证，可以让经济效益和社会效益保持动态的平衡。从这个意义上来说，企业文化是"本"，品牌是"标"！

通常，外部消费者只能通过品牌来识别不同的企业文化。产品或服务的同质化程度越来越高，企业在质量、价格、渠道上就难以通过制造差异来获得竞争优势，品牌为其提供了有效的解决之道。

3. 企业文化与品牌的整合推动企业发展

GE 公司前任 CEO 韦尔奇认为，企业文化是永远不能替代的竞争因素，企业需要靠人才和文化取胜！可以这样断言：缺乏文化底蕴的品牌建设是苍白无力的！离开了企业文化建设去塑造品牌，就如同搭建空中楼阁，建设得越宏伟越容易倒塌。尤其是炒作出来的品牌内涵不足，更无法迎接市场经济的狂风巨浪。

对于海尔的企业文化，很多人都熟悉。海尔之所以能够进入前 100 名的中国本土品牌，主要得益于企业文化！

第四节　文化与组织——人文关怀

什么叫企业文化？说白了，就是面向企业内部的文化，是公司所有成员共同拥有的一种"价值观+想法（意识形态）+行为模式"。既不是一句口号，也不是一个目标或希望，而是一种看不见的软件，是战略、组织、业绩中看不见的那部分，体现了企业的价值观体系。反过来讲，员工的工作态度体现了员工的价值观，也可以反映企业的文化内涵。

企业文化的影响力很大，一个人的个体能力可以提升 1 倍，一个生产部门流程的改造可以提高 10 倍，而企业文化的正确塑造却能实现 100 倍的提升，甚至几代人的提升。

企业文化是企业的灵魂，没有企业文化的企业就像沙漠，缺少了生命的活力。企业文化产生的自然影响力，可以抢占人的心智，牵引人的思想，驱动人的行为，是一种非制度的强大驱动力。顺境中，可以令人感受到它催人向上的力量；在逆境中，这种力量还会得到引爆，所以用痛苦和泪水浇灌出来的团队，往往更具生命力，更加生生不息。

关于企业文化，麦肯锡兵败实达集团，就是最好的案例！

自成立后，实达集团一直想建立营销中心，但以往的观念认为：做市场太虚，做销售拿单子比较实在！因此，虽然他们也挂起了营销中心的牌子，但却是个空架子。之后，他们又提出了分公司平台和区域子公司运作方案，但依然没有取得理想的效果。因此，1996～1998 年，实达集团都在努力探索自身的销售体系出路，但一直都没有走出来。

1998 年，实达集团聘请麦肯锡（国际知名的管理咨询公司）为自己的管理体系进行"诊断"和设计。麦肯锡的项目小组来到实达集团后，利用 3 周，对实达集团进行现状分析。最后，麦肯锡向实达集团提供了两套方案："一步到位"和"渐进过渡"，实达集团采用了前者。同时，决定让新组织采用事业部制：成立销售事业部、硬件制造事业部、营销事业部，还要市场部门配合，如营销服务部、业务计划部。

这次战略重组有着巨大的变革力度，超过 1/3 的员工需要进行调整和变化。可是，要想实现这些改变，就要先改变观念与思维方式，需要实达集团上下尽快学习和磨合，尽快理解和适应。于是，自 1998 年 10 月 16 日起，实达集团便展开了战略重组工作。可是，时间是有限的，忙于学习必然会忽略了业务，再加上很多人都没有深刻理解这一方案的内涵，最终还是以失败告终。

案例中，麦肯锡设计的方案虽然很科学，但实达集团的文化不能有效融合，结果一败涂地！这就告诉我们，不管是哪种文化，只有被接受、被信奉，才能发挥出应有的价值；只有扎根在员工内心，才能转化为自觉的行动，进而实现企业价值。

可是，要想让员工改变原有的价值观、接受现有的企业价值，并不是一件容易的事情，仅发几本文化小册子、开几次文化学习会、简单灌输，无法达到理想的效果。只有从员工的真实感受、内在需要出发，进行实际的、一贯的、全方位的感染和渗透，才能实现最终的目的。

杰克·韦尔奇认为，企业的文化建设首先要创造愿景，其次是推销愿景，最后才是引领并激励员工实现愿景。企业即使已经成功地创造了愿景，如果无法有效地推销给员工，愿景的激励作用也难以发挥出来，愿景的实现也就变得遥遥无期了。可见，只有让员工认同企业文化，将企业文化内化于员工之心，企业文化建设工程的成功拓展才能实现。

作为企业领导者，你可以思考一下，在组织应聘者面试的时候，你需要从哪几个方面吸引应聘者？笔者的答案是：你的公司是做什么的？你将带领大家走向何方？公司的战略是什么？当前公司的一些情况，如组织架构、业务形态等、公司福利、员工在这里有什么发展……

早些时候，笔者公司招聘了一名潜质很好的商务助理，没想到，他仅工作半年就打算离职。上级主管找他谈话，多次劝说，都没能说服他留下来。于是，他的上级主管来找笔者帮忙，让笔者跟这名员工谈一下。

通过和这名员工谈话，笔者发现，他离职的主要原因，是觉得在这里没有发展前途。笔者为他设想了几个思路：首先，向他介绍行业情况，让他认可行业。其次，详细介绍了本公司的远景和战略，让他认可并感觉自己选对了公司。最后，帮他分析职业规划，笔者建议他向销售副总裁助理发展。

听完笔者分析后，他说："来公司这么久，对行业和公司都没有了解得这么深，差点就离开公司了。"

结果可想而知，他愉快地留了下来。

由此可见，仅将人留下来是不够的，还要想办法吸引人。要建立一个公司能量场，把员工牢牢地吸引住；要把公司全方位地展示给新员工，让新员工觉得自己选对了行业、选对了公司、选对了领导、选对了工种，选对了发展。

企业文化是企业在长期经营实践中积淀下来的一种文化氛围、价值观念、精神力量、经营境界和广大员工认同的道德规范及行为方式。简单地说，所谓企业文化就是，企业成员信奉、倡导并付诸实践的价值观念和行为准则。

企业文化首先是文，需要拼成文字；其次是化，需要不断深化。在企业中，企业文化有以下四种形态：

（1）企业文化的起点是创始人的价值观。

（2）企业文化的终点是对客户的人文关怀。

（3）文化因人而变：顾客和员工。

（4）顾客的变化。

自媒体时代，消费者越来越有主张，越来越强调个人表达和权利，越来越聪明，同时也越来越挑剔，其心理变化主要体现在6个方面：越来越热衷于分享品牌信息，越来越关注娱乐性，受环境及意见领袖影响日益加深，愿意为认同的品牌价值观买单，极度强调与众不同，品牌体验至上（见图4-1）。

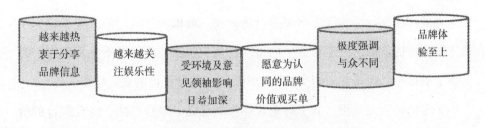

图4-1 消费者心理变化

这些变化是消费者在自媒体时代的自我宣言，对于企业来说，只有了解消费者的这些重要心理变化，才能采用合适的方法，让营销更贴近消费者，引发他们的情感共鸣。因此，就要深入研究消费者心理的种种变化，迅速调整营销思路，用符合消费者内心期待的方式，与他们建立起深入的联系。

所谓人文关怀指的是，关注、探索和解答人自身存在和发展中所遇到的各种问题，具体表现为：对人的生存状况的关注，对人的尊严和符合人性的生活条件的肯定，对人类解放和自由的追求等。只有深入研究人性，才能为个人的自由和尊严寻求合理的价值实现路径。

企业文化的内容十分广泛，但最主要的内容应包括如下九点：

1. 经营哲学

经营哲学也叫企业哲学，是企业特有的从事生产经营和管理活动的方法论原则，是指导企业行为的基础。在激烈的市场竞争环境中，企业面临的矛盾和选择都很多，只有使用科学的方法论，才能作为经营的指导；只有使用逻辑思维程序，才能决定自己的行为，这就是经营哲学。例如，对于日本松下公司来说，"讲求经济效益，重视生存的意志，事事谋求生存和发展"，就是它的战略决策哲学。

2. 价值观念

所谓价值观念指的是，基于某种功利性或道义性的基本观点，主要是对人本身的存在、行为和行为结果进行的评价。可以说，我们的人生就是为了追求价值，价值观念决定着人生的追求行为！当然，价值观不是人们在一时一事上的体现，而是在长期实践活动中形成的关于价值的观念体系。

企业的价值观是指，员工对企业存在的意义、经营目的、经营宗旨的价值评价，是员工共同的价值准则。只有在共同的价值准则基础上，才能产生正确的价值目标；有了正确的价值目标，员工才会奋力追求价值目标，企业才会有希望。

价值观决定着员工的行为取向，关系着企业的生死存亡。只顾企业自身经济效益的价值观，不仅会损害国家和人民的利益，还会影响企业的整体形象；只顾眼前利益，就会急功近利，搞短期行为，使企业失去后劲，灭亡也就不可避免。

3. 企业精神

企业精神是指，企业基于自身特定的性质、任务、宗旨、时代要求和发展方向而形成的群体精神风貌，需要认真培养，需要通过员工有意识的实践活动体现出来，是员工意识和进取心理的外化。

企业精神是企业文化的核心，在整个企业文化中处于支配地位。其以价值观为基础，以价值目标为动力，对企业经营哲学、管理制度、道德风尚、团体意识和企业形象起着决定性作用。可以说，企业精神是企业的灵魂！

通常，企业精神都是用一些富有哲理、简洁明快的语言表达出来的，不仅方便员工记在心里，还便于对外宣传，容易在人们脑海里形成印象，在社会上形成个性鲜明的企业形象。

4. 企业道德

企业道德指的是，调整企业与其他企业之间、企业与顾客之间、企业员工之间关系的行为规范的总和，其从伦理关系的角度，以善与恶、公与私、荣与辱、诚实与虚伪等道德范畴为标准，对企业进行评价和规范。虽然企业道德没有强制性和约束力，但具有积极的示范效应和强烈的感染力，一旦被人们认可和接受，也就具有了强大的自我约束力量。

同仁堂是中国的老字号药店，其之所以能够300多年长盛不衰，主要原因就在于，它把中华民族的优秀传统美德融入了生产经营过程，形成了具有行业特色的职业道德，即"济世养身、精益求精、童叟无欺、一视同仁"!

5. 团体意识

团体，也就是组织；团体意识指的就是组织员工的集体观念。团体意识是企业内部凝聚力形成的重要心理因素，一旦形成了团体意识，员工就会把自己的工作和行为都看成是实现企业目标的一个组成部分，为自己是企业员工而感到自豪，对企业的成就产生荣誉感，把企业看成利益共同体。如此，为了实现企业的目标，他们就会努力奋斗；即使出现了与实现企业目标不一致的行为，也会自觉克服。

6. 企业形象

企业形象指的是，企业通过外部特征和经营实力表现出来的总体印象，可以受到消费者和公众的认同，分为表层文化和深层文化。

表4-1　表层文化和深层文化

	区别	关系
表层文化	这是一种由外部特征表现出来的企业的形象，如招牌、门面、徽标、广告、商标、服饰、营业环境等，这些都可以给消费者带来直观的感觉，给他们留下深刻的印象	表层形象以深层形象为基础，离开了深层形象，表层形象也就成了空中楼阁，自然无法长久地保持
深层文化	通过经营实力表现出来的形象，就是深层形象。其是企业内部要素的集中体现，如人员素质、生产经营能力、管理水平、资本实力、产品质量等	

此外，企业形象还包括企业形象的视觉识别系统，如 VIS 系统。这是一种企业对外宣传的视觉标识，是社会对企业视觉认知的一种导入渠道，也是企业是否进入现代化管理的标志。

7. 企业制度

企业制度是企业经营实践中形成的各种固定，对员工的行为具有一定的强制性，能保障一定权利。从企业文化的层次结构看，企业制度处于中间位置，是精神文化的表现形式，是物质文化实现的保证。

只要确立了企业制度，个人活动就会合理进行，内外人际关系也会变得协调，员工的共同利益还会得到保护，企业就会为实现目标而努力了。

8. 文化结构

企业文化结构是指，企业文化系统内各要素之间的时空顺序、主次地位与结合方向。企业文化结构是企业文化的构成、形式、层次、内容、类型等的比例关系和位置关系，表明了各要素的链接方式，形成了企业文化的整体模式：企业物质文化、企业行为文化、企业制度文化、企业精神文化。

9. 企业使命

所谓企业使命是指，在社会经济发展中企业所应担任的角色和责任，是企业的根本性质和存在理由，可以为企业目标的确立与战略的制定提供依据。

明确企业使命就要表明企业经营活动的范围和层次，包括经营哲学、宗旨和形象。

第五节 文化落地方案

如图 4 - 2 所示，企业文化的四个方面主要包括：

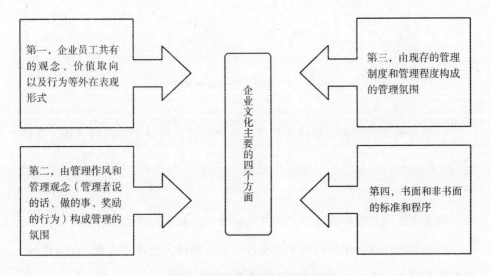

图 4 - 2 企业文化的四个方面

第一，企业员工共有的观念、价值取向以及行为等外在表现形式。

第二，由管理作风和管理观念（管理者说的话、做的事、奖励的行为）构成管理的氛围。

第三，由现存的管理制度和管理程度构成的管理氛围。

第四，书面和非书面的标准和程序。

如图 4 - 3 所示，企业文化的具体构成有：

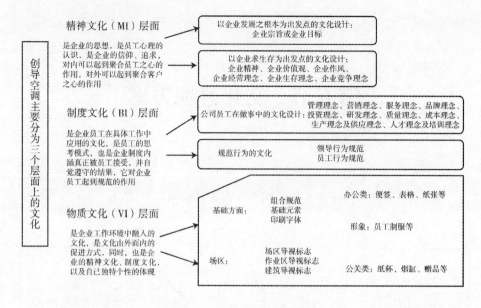

图 4-3　企业文化的具体构成

（1）精神文化层面。精神文化是企业的思想，是员工心理的认识，是企业的信仰、追求，对内可以起到聚合员工之心的作用，对外可以起到聚合客户之心的作用。

以企业发展之根本为出发点的文化设计：企业宗旨或企业目标。

以企业求生存为出发点的文化设计：企业精神、企业价值观、企业作风、企业经营理念、企业生存理念、企业竞争理念。

（2）制度文化层面。制度文化是企业员工在具体工作中应用的文化，是员工的思考模式，也是企业制度内涵真正被员工接受，并自觉遵守的结果。它对企业员工起到规范的作用。

公司员工在做事中的文化设计：管理理念、营销理念、服务理念、品牌理念、投资理念、研发理念、质量理念、成本理念、供应理念、人才理念、培训理念。

规范行为的文化：领导行为规范、员工行为规范。

（3）物质文化层面。物质文化是企业工作环境中融入的文化，是文化由外而内的促进方式，同时，也是企业精神文化、制度文化，以及自己独特个性的体现。

基础方向：组合规范、基础元素、印刷字体。

场区：场区导视标志、作业区导视标志、建筑导视标志。

企业文化建设的主要目标

1. 确定 MI（理念识别）

（1）确定全体职工的价值观。企业价值观是企业文化的核心，决定着企业的命脉，关系着企业的兴衰。现代企业不仅要实现物质价值，还要实现文化价值，因此一定要充分认识到：企业竞争不仅是经济竞争，更是人的竞争、文化的竞争、伦理智慧的竞争。企业的最终目标是，为社会提供服务，实现社会价值的最大化。

（2）确立企业的精神和理念。培育有个性的企业精神和理念是加强企业文化建设的核心，培育具有鲜明个性和丰富内涵的企业精神和理念，最大限度地激发职工内在潜力，是企业文化的首要任务和主要内容。

企业精神和理念是指，员工在长期的生产经营活动中逐渐形成的，由传统、经历、文化和领导者的管理哲学共同孕育的，并经过有意识的概括、总结、提炼而得到的思想成果和精神力量。要想培养企业精神和理念，就要遵循时代性、先进性、激励性、效益性等原则，不仅要反映企业的本质特征，更要反映出行业特点和企业特色，体现出企业的经营理念。

（3）确立符合公司实际的企业愿景和使命。愿景和使命是企业生存发展的主要目的和根本追求，其以企业发展目标、目的和发展方向来反映企业价值观。

2. 确立 VI（视觉识别）

在企业发展中，要以务实的态度不断完善企业视觉识别要素，做到改进—否定—再改进—再确定。主要内容包括企业标识、旗帜、广告语、服装、信笺、工号牌、印刷品统一模式等，不断规范员工的行为礼仪和精神风貌，提高企业的信任感和信誉。

3. 确立 BI（行为识别）

主要体现在两个方面：一方面是企业内部对职工的宣传、教育、培训；另一方面是对外经营、社会责任等。要积极开展各种活动，将企业确立的精神、理念融入实践，指导企业和员工行为。

4. 以人为市，树立精干高效的队伍形象

人，是生产力中最活跃的因素，是企业的立足之本。企业文化的实质是"人的文化"！

员工是企业的主体，要想建设企业文化，就要以提高人的素质为根本，着眼于人，凝聚人心，树立共同理想，规范行动，形成良好的行为习惯，塑造形象，提高社会知名度。为了实现这个目的，就要建立一支学习型组织，做好文化知识和专业技能的培训，培育卓越的经营管理者，带动企业文化建设。

5. 内外并举，塑造好的产品形象

企业文化建设，需要与塑造企业形象相统一。不仅要实现技术创新，还要不断吸纳群众性的合理化建议，使之具备独特的技术特色和产品特色。

要想创立自己的优秀品牌，就要让员工像爱护自己的眼睛一样爱护企业的品牌声誉，使企业的产品、质量在社会上叫得响、打得硬、占先机。在经营过程中，要将经营理念和经营战略有机统一起来，实现员工行为的规范化、

协调化，为促进企业可持续发展奠定基础。

6. 目标激励，塑造严明和谐的管理形象

（1）管理和文化是企业发展的生命线，要想强化管理，就要把人放在企业的中心位置，尊重人、理解人、关心人、爱护人，确立员工的主人翁地位，鼓励他们积极参与企业管理，主动承担起自己的责任和义务。

（2）要将现代企业制度、管理创新、市场开拓、实现优质服务等有机结合起来。

（3）要修订并完善职业道德准则，强化纪律约束机制，让企业的各项规章制度变成员工的自觉行为。

7. 寓教于文，塑造优美整洁的环境形象

具体工作是：认真分析企业文化发育的环境因素，使之都成为企业文化建设的动力源泉；采取强化措施，做到绿化、净化、美化并举；划分区域，责任明确，做到治理整顿并长期保持卫生环境；开展各种游艺文体活动，做到大型活动制度化，即体育活动（趣味运动）会等；小型活动经常化，即利用司庆、文体活动等形式丰富员工文化生活，赋予各种活动以生命力，强化视觉效应。

第一步，文化牵引。也就是说，要通过观念的转变，改善员工的思维方式和行为习惯（见图4-4）。具体方法是：

（1）"势"的建立。对于"势"的建立，高层要重视、要舍得投入。立"势"高，"势能"就大，推动力就强。

（2）"场"的培育。要想培育"场"，不仅要持续宣传造势，及时兑现激励承诺；还要在公司内部不断培育和强化文化主题的"磁场"，要持续、耐心地呵护"场"的培育。

第二步，机制配套。也就是说，要通过行为来促进观念的转变。要想建

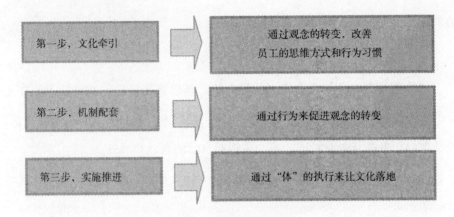

图4-4 企业文化建设实施落地的三部曲

立配套机制，就要明确管理要求，建立一套透明、规范的操作流程及配套的考评体系。只有拟定和推出"体"，才能让人真实感受到制度的压力和推动力。

第三步，实施推进。也就是说，要通过"体"的执行来让文化落地。具体方法是：

（1）建立责任承诺机制。也就是说，要建立一对一的责任体系、责任落实到点。

（2）建立结果检查、跟踪体系。具体方法是：定期质询确保目标实现，结果质询迫使行为变成习惯。

（3）建立奖罚分明的考评办法。建立奖罚分明的考评办法，要将个人利益与结果价值完全挂钩。

第五章　组织

组织建设的思维体系要从合伙人模式开始，未来不是雇用模式而是合伙模式。

第一节　组织与顶层设计

美国某著名理学家认为，管理不只是学科，更是一种文化，管理也具有自身的价值观、信仰、工具和语言；文化可以约束管理，而管理本身也是一种文化。

更有人认为"文化是管理之母"。一方面，无论哪种管理模式，都是在各自不同的文化背景下建立起来的，它的完善也是依据文化的前进而变革的；另一方面，就管理的实践来讲，资源分配以及利用的方式也迎合着文化的变化。因此，文化在很大程度上影响或者决定着管理理论和管理模式。如哲人所说的"管理者迟早会发现他们的工作是基于文化的，而不是在没有文化的基础上凭空捏造的"。

管理之所以是一种文化，很大一部分原因就在于，文化在管理的过程中有着无可取代的作用，而人同时作为管理的主体和客体，无时无刻不受到文化的影响，在管理或被管理的过程中都会受到不同文化背景的影响。所以，人在管理或被管理的过程中，都会将文化反映出来。

同样，文化对企业的管理和发展也举足轻重。企业文化影响着员工工作时的言谈举止及其他工作行为。企业文化有着特殊的潜移默化的凝聚力，可以改善员工之间的关系，使员工的思想得到统一，更大程度地培养员工的企业意识。而且可以树立企业的品牌形象，提高企业的声誉。

中国企业组织发展的三个阶段（见图 5 - 1）：

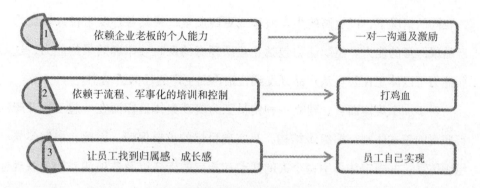

图 5-1 企业组织发展的三个阶段

第一个阶段，组织的建设依赖企业老板的个人能力，带组织的方式基本上是一对一沟通、一对一激励。

第二个阶段，依赖于流程、军事化的培训和控制，主要特点是打鸡血。

第三个阶段，是高级阶段，虽然只有一些相对大的企业能够进入这一阶段，但是未来企业组织建设的主要方向就是开放分享和系统设计，让每个员工找到归属感、成长感和自然价值生产的实现方式，同时企业实现财富的均衡性和普惠性分配。

所以，企业是由初级向高级阶段过渡和成长，对企业文化的依赖越高，对企业文化中环境的影响越高。

第二节 组织能力的提升

对于企业来说，组织能力是指开展工作的能力，是公司在与竞争对手投入相同的情况下，以更高的生产效率或更高质量，将其各种要素投入转化为产品或服务的能力。组织能力包括企业所拥有的反映效率和效果的能力，这些能力可以体现在公司从产品开发到营销再到生产的任何活动中。

对于一个集体而言，建立一种使员工为实现集体目标而在一起工作并履行职责的正式体制，即组织结构，是实现目标的重要保证。因此，如何建立组织体系，并规定体系中每个人的活动和相应的责任以及各项活动的关联规则，将直接影响集体的行动效率和效果。建立科学、高效、合理分工、职责明确、制度健全的组织体系，是对领导能力的考验与挑战。

说到优秀的企业，我们会联想到苹果、三星、阿里等。他们之所以优秀，并非是因为它们的组织结构或具体的管理方法，而是因为它们的能力——例如，创新的能力，或者应对不断变化的客户需求的能力。这些非常宝贵的无形资产，我们称为组织能力（Organizational Capabilities）。它们虽然看不见、摸不着，但正是它们决定着公司市场价值的高低。通过对组织能力的评估，并进行培养，有助于企业培养竞争对手难以模仿的竞争优势。

建构或改造企业的组织能力，需要同时调整以下三个方面（见图5-2）：

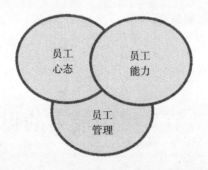

图5-2　建构或改造企业的组织能力需要同时调整的三个方面

（1）员工心态：涉及员工愿不愿做的问题、如何调整他们的态度、如何培养企业的文化等。

（2）员工能力：有时员工即使有意愿配合，却可能并不具备足够的能力，这时企业就应该从提供训练、提升能力着手。

（3）员工管理：即使员工有意愿也有能力，朝企业的目标迈进，但相对地，企业的基础架构、流程及组织结构，却让员工的努力打折甚至看不出效果，最后也会让他们失去动力。

简言之，建构企业的组织能力，要靠上述三方面的相互配合、缺一不可，少了任何一个，都将功败垂成。

战略规划以提高组织智商为目的

所谓"组织智商"，就是如果你要以全新的视角创新管理模式，应先创新和突破经营哲学。也就是说，这种管理模式要从哲学高度，找一个全新的视角，来为企业经营过程中出现的各种现象和问题进行解释，并可以指导企业管控模式的设计。

一般来说，组织智商由 7 个关键维度组成：战略愿景、共同使命、变革渴望、组织意愿、统一协调、知识配置、绩效压力。那么，如何提高组织智商呢？

1. 逆转战略愿景

战略愿景，是每个企业不可或缺的，它是一种组织原则，给企业赋予了某种命运，同时，它也是企业需要具备的创建、发展和表达企业目的的能力。

组织没有目的感和方向感，将无法调动其他 6 个维度的组织智能。组织领导者在战略愿景这一维度，要能清晰地描述某一成功理念，并可以在必要时对这一理念进行修正。

20 世纪 80 年代初期，斯堪的纳维亚航空公司是航空业的宠儿。

1980 年，瑞典人简·卡尔松（Jan Carlzon）出任 CEO，在这个极具领袖魅力 CEO 的率领之下，公司一举摆脱从未盈利的尴尬！在此之前，该公司并未通过航空业务实现盈利，利润主要来自公司作为飞行器市场中的经纪人和交易商而获得的中介费。

简·卡尔松上任后，斯堪的纳维亚航空公司在为客户创造了许多"真实时刻"（Moments of Truth），并在管理日常优质服务的过程中，提供了超值的客户体验。1981 年，公司在简·卡尔松的领导下，成功走出亏损 800 万美元的泥潭，销售收入达 20 亿美元，净利润也提升到 7100 万美元。而与此同时，其他欧洲航空公司共计有 20 多亿美元的亏损。

简·卡尔松除了首创"SAS"体验之外，还不经意地使"服务管理"的理念浮出水面，真可谓"无心插柳柳成荫"，而斯堪的纳维亚航空公司也将公司战略愿景建立在这样的理念之上。在此后的 10 年左右，一直在这条路上稳健前行。

2. 通力推动共同使命

如果企业能让所有员工都清楚企业使命，并具有一种共同的使命感，明白自己在企业的成功道路上起着什么样的作用，那么他们就会齐心协力，为实现企业的共同愿景而努力奋斗。

这种强大的集体感，就来自"同舟共济"的共同认识；相反，如果员工不能认同企业愿景，或是认为自己难以分享企业的成功，那么员工将不可能为此贡献自己的力量，企业大船也无法沿着正确的航道乘风破浪。

迪士尼世界的员工，在日常工作的点点滴滴都被深刻地植入了共同使命这一组织智能。例如，如果你在迪士尼世界游玩时，忽然想要买一个冰淇淋，你问一名演员打扮的工作人员。虽然他当时可能正在帮助其他演员把一辆巨型游行彩车移到储藏库，但他必须为你做出指引；即使他不能离开工作岗位，亲自陪同你到售货亭，也会拿出对讲机，对售货亭旁的同事大声呼叫："有位游客正向你走去，他身穿××体恤，需要一个冰淇淋。你可以帮助他吗？"

当你按照指示到达售货亭时，如果发现已经有工作人员替你买好了冰淇淋，并亲切地对你说："先生，这是您要的冰淇淋。"你会不会大吃一惊？你之所以会露出惊讶的神情，是因为你没有意识到，自己已经成为这一自发设计的服务体验中的一部分。

3. 渴望致使飞跃变革天堑

如果你在思考方式、运营方式、应对环境的方式上，都异常固执的话，"变革"对你来说就是非常"不舒服"甚至"痛苦"的。而对喜欢全新的、令人兴奋的机遇和挑战的人，变革就是创新服务体验的代名词，它代表解决全新事务的机会。后者非常喜欢重塑商业模式，并将其视为刺激性的挑战以及学习全新成功方式的良机。要使战略愿景所需的种种变革变成现实，组织成员必须对变革有足够强劲的渴望才行。

只有当组织成员具有"强烈意愿"时，才愿意做出超出标准的投入。可是，很多员工意愿很小或根本没有，只会立足于完成自己的工作，而不会考虑完成愿景的使命。如果企业员工充满使命感，付出的实际努力就会比领导者的预期更多，因为员工自己也渴望成功，并且认为自己的成功和公司的成功是分不开的。而且他们深信，无论经济景气与否，管理层都会与企业同舟共济。安捷伦科技公司，就将意愿概念表现得淋漓尽致。

当安捷伦科技公司要从惠普公司中分离出来时，几千名员工面临被裁的命运，但是，该公司一直将创始人比尔·休利特和戴夫·帕卡德的"惠普之道"贯彻始终，并引以为豪——在对待员工上表现出史无前例的友善。

这些被裁掉的员工，无一不对公司的做法予以理解和肯定，并没有觉得自己遭受了不公正待遇，这正是该公司所采取的裁员管理法以及维持强有力的社区文化和绩效文化的现实效果。

4. 统一协调挑战兼并

智能型组织结构，要达到架构、系统、流程、规则和奖励计划的协调统一，才能激励员工实现公司使命。多数结构性矛盾都需要组织领导者予以排除，核心价值主张才是关键，以保证员工"劲往一处使"，为实现共同目标而奋斗。

美国在线—时代华纳的合并案堪称经典：时代华纳占领着媒体产品和有线电视两热门市场，而美国在线在网上娱乐和电子商务领域是绝对的老大，这两家公司的合并，是个绝对双赢的强强联合。

5. 用分享体验实现知识配置

想要有效实施知识配置，应着重强调知识分享的体验，单靠强调知识本身，或强调将知识加工处理的技术，都是在做无用功。在某种程度上，这些方式更容易操作：使员工相互建立联系，并形成共产主义式的知识观，从而使知识变为可共享的企业财富。

在南美，做健康保险最成功且深谙知识配置之道的大公司，当属阿美尔公司（Amil）。

公司 CEO 布尔诺（Bueno）还在自己的名片上加了"首席培训官"的头衔。布尔诺说："拉丁美洲国家的发展要务，是促进人民发展。没有人民教育，经济发展就无从谈起；经济不能发展，人民就不可能找到工作；而没有工作职位，社会秩序也会分崩离析。我认为自己除了首席执行官之外，还应承担首席教育官的责任。致力于帮助阿美尔的所有员工提高生活水准，要实现这一战略目标，就要帮助他们学习。"这也正是其经理人和同事们最钦佩他的地方。

6. 以绩效压力聚焦目标

所谓绩效压力，就是把组织的资源全部集中用在几个最重要、最可能产生盈利的关键领域。千万不要把大量人力资源和企业能量，浪费在一些不该用的地方！

雅芳公司在个人护肤和化妆品制造方面独树一帜，其运作主要由业余的上门推销员组成垂直营销网络来进行。而当雅芳公司逐步稳定公司的核心市场后，销售停滞不前，公司高层便开始努力寻找多元化的发展机会。于是，雅芳公司与约翰·福斯特达成合作协议，以收购福斯特医疗公司的方式，重新发现了利润增长点。

这 8 个维度的组织智商，正是各个层面的智能及其领导力。

当然，要想经过正式程序成为企业领导者，要想创造出能让组织智商提升的条件，必须做大量的工作才行，但仅依靠几个人的努力，是无法使公司智能化的。组织内所有员工、对组织有贡献的人、与组织成功有利害关系的人，都是成就智能企业的关键人物！

组织架构必须为战略目标服务

调整组织构架，对公司来讲无疑是一项重大的战略转变，这必然也是由各种内外部环境促成的。乐百氏在短短几个月内，就对组织架构进行了两次调整，其结果：经过战略调整，获取最高利润。

乐百氏在其组织架构重组过程中，经历了三种形态的架构模式：从 1989 年创业起到 2001 年 8 月，乐百氏采取的都是直线职能制，即按生产、供应、销售分成几大部门，再由全国各分公司负责销售；从 2001 年 8 月到 2002 年 3 月，乐百氏短暂地实行了产品事业部制，虽然时间不长，但这一举动有效地为其实施区域事业部制奠定了良好基础，使其平稳过渡组织结构变革。

对于企业来说，组织架构就是为了系统性地安排资源，以保证企业战略目标的实现。只有先调整好企业的组织结构，将企业内部各部门的关系理顺，明晰权责，才能进一步设计流程、建立绩效考核激励体系。

企业要实现高效运转，就应以组织结构为根本，最大限度地减少员工把精力消耗在事务性工作上。

1. 组织架构设置原则

组织架构设计必须把握五项原则：战略导向原则、简洁高效原则、负荷适当原则、责任均衡原则、企业价值最大化原则（见图 5 - 3）。

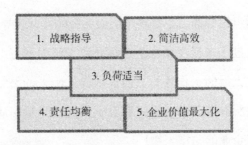

1. 战略指导　　2. 简洁高效

3. 负荷适当

4. 责任均衡　　5. 企业价值最大化

图 5 - 3　组织架构设计必须把握的五项原则

（1）战略导向原则。组织架构的决定因素是战略，组织架构的存在是为了支撑战略落地。例如，内贸企业没必要设立外贸部，代工企业也不会成立研发部，零售企业设立生产部更是多余。任何部门的设置，必须要为企业实现某一战略而服务。

反过来，如果没有任何部门承载企业的某一战略，就是架构残缺。例如，已经在全国设立了十个分公司的华东企业，拥有超过 10 亿元的经营规模，但由于企业没有成本核算部门，致使公司拖欠了 1 亿多元的银行贷款，而老板连哪家亏损哪家赚钱都不清楚！

（2）简洁高效原则。部门越多，产生的问题也就越多，层级简洁、管理高效才是基本原则。部门过多，效率就会低下，但过少则会残缺不全。

（3）负荷适当原则。在划分部门功能时一定要适度，不能让某个部门承载的功能过多。功能太过集中，不但会降低反应速度，还会形成工作瓶颈，最终制约企业发展。

（4）责任均衡原则。责任均衡的根本是授权艺术。假如企业中某部门"一枝独秀"、"权倾四野"，即便再有工作效率，也不会产生企业效益，权力失衡、缺乏制约的企业很容易滋生腐败。

功能的多少体现着负荷是否适当，权力的大小则体现着责任是否均衡。例如生产型企业，功能多的部门是生产部，而权力大的部门就是品质部，尽管生产部有几百上千名员工，品质部只有十几人甚至几人，但判断产品是否合格的，就是这几名品质部门的员工。

（5）企业价值最大化原则。设置部门，根本上还是要满足部门组合价值最大化的要求，确保企业可以用最少的投入收获最大的市场回报。

2. 组织架构设置方法

组织架构的设计可以从这五步入手（见图5-4）：

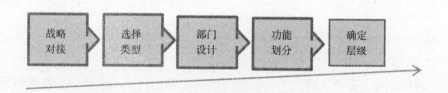

图5-4　组织架构设计的五步

第一步，战略对接。组织架构的设计者要想清楚：可以将企业战略细分为多少个目标？每个目标要通过哪种途径实现？什么是企业决策者应该关注的重点？哪些战略目标可以分解给别人？这一步还处在构思阶段，没有产生画像或实物。

第二步，选择类型。

第三步，部门设计。不论选择哪种组织类型，都要把企业战略所承载的功能列出来，如总经理办公室、生产部、物控部、技术部、品质管理部等。如果是初创企业，划分出这些部门，组织架构也就基本确立了。如果企业已经有了一定规模，还需要继续细分下去。

第四步，功能划分。例如"品牌发展部"下面可以划分出"产品研发"、"技术管理"、"市场开拓"、"客户服务"等功能，这些都是该部门的功能。功能划分越具体，在设置岗位时就越简单。如果是小型企业，这样组织架构基本就设计完成，如果是大型企业，还需进一步细化。

第五步，确定层级。以组织架构图的方式，将最终的组织架构设计呈现出来。

第三节　组织建设

现代企业，靠个人或几个人的能力就能成功的例子越来越少，在激烈的竞争中，组织建设已成为现代企业面临的一个重大命题，没有强大的组织支撑的企业将在发展过程中遇到巨大挑战。那么企业如何进行组织建设？方法都有哪些？在这里，笔者企图从企业中的一个真实案例出发，阐述企业组织建设的理念、方法及一些注意事项。

某企业出现这样一件事情，新上任的行政管理部经理忽然在公共场合向总经理当场发难，历数最近总经理的"处理不当之事"，例如：不经过他的同意就直接面试人员并安排到他的部门，结果他用起来不是很满意；总经理直接找他的下级谈话，他不知道谈话内容，现在下级拿总经理说过的事情来压他，给他的工作带来了很多不便。

总经理一听，顿时怒上心来，本来自己是好心为他提供帮助，人员不够为他增添人马；他压不住底下的人员，自己为他做底下人员的思想工作，他却这么不领情，于是气氛顿时僵化起来。行政管理部经理走的时候甩下了这么一句话："要不你再招人吧，我不想干了。"

从这件事来看，行政部门经理固然不应该当场顶撞上级，如果真的有问题，提出改善建议然后和上级达成共识会更好。但冲突的出现从另一个侧面反映了这个企业的组织建设方面的缺陷。一个组织建设良好的企业应该构筑起自己处理问题的核心价值体系并考虑工作中存在的各种情况，形成一套大家认同的内部游戏规则，在这个框架内大家各司其职，各负其责，相互配合，共同为企业的发展努力。

单就这件事情而言，企业应该构筑起自己的核心价值体系和做事的准则，在这些发生冲突的节点如面试、与上级沟通和汇报上明确做事的流程和各参与人员的责权利，达成共识，并按此运作，要不然，矛盾越积越多，必然导致大家都不想看到的后果。

什么是企业的组织建设？不同的人会有不同的看法，有些人认为喝喝酒、谈谈感情就是企业的组织建设，也有些人认为企业的组织建设就是组织结构设计。

要知道究竟什么是组织建设，还得从什么是组织开始说起。所谓组织，是人们为了共同的目标而成立的团体，在这里人们有目的、有系统、有秩序地组成了一个整体。企业的组织化建设就是构筑这样一个有目的、有秩序的组织系统的过程。

组织建设的核心命题是：构筑自己的价值立场、做事原则、组织结构、制度规范及行为准则，使整个组织处于战略实施状态和组织管理状态。

个人的力量是有限的，谁也无法仅靠个人的力量走向未来。随着环境日趋多变、竞争日益激烈，组织体系建设问题对企业正显得越来越重要。如何在当前的形势下通过组织体系建设迎接挑战、实现战略目标、超越竞争对手？将企业的员工队伍打造成虎狼之师，从组织上打造自己的核心竞争力，正成为越来越多企业所关心的问题。

企业在实际经营过程中总是遇到各种各样的组织挑战：

（1）随着环境的变化及组织的成长，昨天的组织无法适应今天的发展，在应对今天的具体业务运营时越来越吃力。

（2）各部门各岗位分工不当，职责缺位、交叉等，影响组织运作效率，集分权无序，拿捏困难。

（3）组织缺乏有效的协同，产生的合力弱。

（4）组织内部相互掣肘，诸侯遍地。

（5）企业研产销脱节、局部与个体的速度快、效率高和整体运行速度慢、有效性差形成强烈反差。

（6）绩效考核失灵，企业人才的提升和供给跟不上企业成长速度的要求。

（7）引入了颇具实力的高管，但却处处掣肘，作用有限。

（8）企业文化建设偏弱，成员没有共同的价值观作支撑，暗消耗严重。

（9）在具体运作中企业的组织松松垮垮，让人恨铁不成钢。

……

种种问题如果得不到解决，将会拖累企业的日常运作和长远发展。那么，如何进行组织建设呢?

1. 组织文化建设和战略设计

(1) 确立共同的使命。要想建立一个协调一致的、有秩序的队伍是组织建设的一大命题,就是建立一支具有共同使命、愿景的队伍,一个伟大的组织势必是一个理想集团,拥有共同使命、愿景的组织,有共同的心理契约,这将会成为组织高效运作的心理基础。缺少了共同的使命与愿景,组织充其量是一个利益共同体,这样的组织在受到冲击时将会非常脆弱。

(2) 构筑组织的价值立场、做事原则。确定了共同的使命愿景后,要从使命、愿景演绎出核心价值观体系,作为组织建设的依据,作为组织成员的基本价值立场和每个组织成员的行为指南。在平常的工作中,在组织中成员容易就事论事,没有基本的核心价值观体系作为基础,组织运转往往会出现很多不顺畅的地方。

(3) 明确组织的战略路径。在共同的使命愿景与基本的核心价值确定之后,企业需要明确自己的战略,设定基本路径,形成阶段性的盈利模式和经营方式,不断地实践我们对于共同使命、愿景的依托。

2. 组织结构、运作流程的设计

(1) 组织结构设计。顾名思义,组织结构是一个组织实体内部的结构。说白了,就是一个行动的框架:一群人,怎么分工,谁是谁的头,大家的责任和权力如何划分、怎么协调沟通,从而完成一个共同的目的。

组织结构设计的方法是先分后合。分:首先根据战略确定组织需要进行的工作,其次将这些工作按照战略的要求、环境的变化、工作量的大小、人员的素质进行划分,落实到每个部门、每个岗位、每个人员身上。合:设计各种协调机制,将大家的工作组织在一起形成一种合力促进企业的发展。

(2) 组织运作流程的设计。组织运作流程是在组织结构设计完成之后,形成的组织结构各个组成部分之间做事的程序和方法，并和每位参与者形成共识。

经过组织结构与运作流程设计之后，组织将会形成公司治理、组织结构、机构设置、部门职责、岗位设置、人员编制、作业标准、作业程序、业务流程、权责体系和协同规则等规范体系。组织将形成一个内部各成员各司其职、各尽其责的系统，将会减少组织的内耗，为组织发展奠定良好的基础。

在组织建设中，组织结构、运作规程设计是构建组织的骨骼、肌肉和血管，而确立共同的使命愿景、价值立场、做事原则和战略路径是整个企业的灵魂。两者相辅相成，缺一不可。

建立起关于组织建设的系统思考后，企业还应明白，罗马不是一天建成的，任何组织建设都需要长时间的磨合、思想的统一，才可以渐入佳境。企业要明确方向，耐心且细心地进行组织建设，一个有志向的企业理应如此！

第四节　"合伙人制 + 众筹制"是未来主流创业模式

关于"合伙人制 + 众筹制"，我们就以小米的雷布斯团队来进行说明。概括起来，雷布斯团队主要有以下八个特点：

1. 团队第一，产品第二

创业成功最重要的因素是什么？最重要的是团队，其次才是产品！有了好的团队，才有可能做出好产品。面对刚刚起步的创业公司，有些面试候选人会犹豫，怎么办？雷军和创始人团队轮番上阵面谈，很多时候一聊就是 10 小时。小米手机硬件结构的工程负责人第一次面试是在雷军的办公室，从中午 1 点开始聊，4 个小时后，他实在憋不住，去了趟洗手间。回来后，雷军已经将饭订好了，两人继续聊。聊到晚上 11 点多，他才答应加盟小米。过后他半开玩笑地说：我之所以要赶紧答应下来，不是因为激动，而是因为体力确实支持不住了。

2. 创始人最重要的工作之一就是找人

在小米成立第一年，雷军将自己的很多时间都用在了找人上，其中，搭建硬件团队花的时间最多。开始的时候，几个创始人都来自互联网行业，既不懂硬件，也没有硬件方面的人脉。在第一次见到现在负责硬件的联合创始人周光平博士之前，他们已经和几个候选人谈了两个多月，进展很慢。有人甚至还找了经纪人来和他们谈条件，不仅要高期权，还要好的福利待遇。有一次和对方谈到凌晨，雷军他们简直快崩溃了。为了找到合适的合作伙伴，他们付出了很多。

3. 合伙人制：18 个独当一面的合伙人

创业是个高危选择，一家成功企业的背后往往倒了一大片企业。很多在今天取得成功的企业，都经历过九死一生的磨难，如阿里。1995 年，马云带领团队做中国黄页，失败！1997 年，做网上的中国商品交易市场，算是阿里的雏形，依然失败！对于阿里今天的商业帝国来说，最有价值的是背后的团队，尤其是包括马云在内的 18 个联合创始人。

做老板，就要将整个班子团队搭建好。今天，小米的合伙人班子是各人各管一块，如果没有什么事情，基本上都不知道彼此在干什么。自己的事情自己说了算，因此决策非常快！

4. 用最好的人：一个靠谱的工程师顶 100 个

招聘员工的时候，要用最好的人！最好的人，一般都有着极强的驱动力，只要将其放到他喜欢的事情上，让他灵活处理，他就能真正做出点什么，打动自己，打动别人。

雷军认为，研发是一项具有创造性的工作，如果工作人员不够聪明，是无法做好的，一定要找到最好的人。一个优秀的工程师不是顶 10 个，而是顶 100 个！所以，为了寻找核心工程师，一定要不惜血本，千万不能偷懒。

5. 寻找最合适的人：要有创业心态

小米创办 4 年后，市场估值 100 亿美元，业界把他们看作明星公司。即使是在这种前提下，为了找到合适的人，依然要花费巨大的精力。因为他们想找的人才是最专业的，最合适的。

所谓的最合适是指，对方要有创业心态，对所做的事情要极度喜欢。一旦有了这种创业心态，员工就会自我燃烧，主动性就会更强，就不用制定一大堆管理制度或 KPI 考核标准了。

那么，如何才能激发员工的创业心态呢？首先，要让员工成为粉丝。其次，去 KPI 化。小米内部没有 KPI，但是没有 KPI 并不意味着公司没有目标。小米是如何分解这个目标的？由合伙人负责 KPI。不过，他们要给 KPI 确定一个数量级，例如，今年要卖 4000 万台。不会约定如果你完成 A 档、B 档、C 档，我就给你什么样的奖励。在定 KPI 的时候，他们会更多地对公司增长规模的阶梯做出判断，把信息测算清楚后，要分配调度资源。相比结果，小米更关注过程，雷军认为，只要员工把过程做好，结果自然水到渠成。

6. 天理即人欲：给足团队利益，让员工"爽"

团队的激励，就是一个"爽"字！从根本来讲，企业管理者能否把姿态放得更低一点，能否跟员工打成一片，听听他们到底想怎样，怎么给予他们足够的激励……只要做到了这些，他们就会自我燃烧。

王阳明说过："天理即人欲！"不错，如果愿意想，每个企业都能想明白，主要看你舍得不舍得。雷军创办小米的时候，心态很平和、很开放。之前他已经做了20年企业，是中国最著名的天使投资人之一，早已功成名就。他之所以要做小米，是受到了梦想的驱动。他想做一个伟大的公司、一件伟大的事情，因此，从合伙人到核心员工，他都给了足够的利益保证、授权和尊重。

很多公司也会对员工说"有期权"，但到了临近上市的时候才会告诉员工期权的多少。但小米不一样。在合伙人、核心员工刚进公司的时候，雷军就会将这个问题讲明白，把事情都摆在桌面上。今天，人才竞争这么激烈，没有足够的利益驱动，纯粹讲感情，是很难有驱动力的。

7. 让员工成为粉丝，让粉丝成为员工

粉丝文化，首先要让员工成为产品品牌的粉丝。每位员工入职时，小米都会发给他一台工程机，当作日常主机使用。其次让员工的朋友成为用户，每位员工每月可以申领几个朋友邀请码，送给亲朋好友，供他们使用。最后和用户做朋友，"即使是丈母娘也要用好自己的产品"。

同时，小米还尝试让粉丝成为员工。小米的很多新媒体运营团队都是从粉丝中招聘过来的。很多用户现场体验过小米之家的服务后，会申请到小米工作。因为他们觉得，小米的服务和别人不一样，像对待朋友一样，真情实意，氛围轻松。

8. 人比制度重要：让员工发自内心热爱工作

传统企业在客户服务方面都强调制度，但是对于小米的客户服务，人比制度更重要！

小米客服部门主管，曾做了十几年的客户服务工作，经验非常丰富。

2012 年，小米业务飞速发展，用户数量迅速爆发，客服工作也迅速"压力山大"。这位主管的到来，为小米的客服团队带来了非常宝贵的经验。她认真地总结了过去小米所有的客服数据、工作报表，根据这些数据和自己对小米的业务增长预期，做出一份多达几十页的客服改进计划。第一次进办公室汇报工作计划时，她抱了厚厚一沓纸。要知道，这样的工作是异常烦琐的，没有对工作的热爱，怎么能理出头绪？

第五节　平衡计分卡的应用

平衡计分卡

平衡计分卡打破了单一使用财务指标衡量业绩的传统方法，主要是通过图、卡、表来实现战略规划，被《哈佛商业评论》评为"75 年来最具影响力的管理工具之一"。其在财务指标的基础上加入了未来的驱动因素，即客户因素、内部经营管理过程和员工的学习成长，为集团战略规划与执行管理提供了有力的支持。

有家广东企业，有 2000 多名员工，年产值数亿元，从 2015 年初就把平衡计分卡作为公司的一项考核制度，在企业内实施，人力资源部的绩效经理直接负责平衡计分卡的推广事宜。

可是，1 年过去了，平衡计分卡的推行并不顺利，反而在公司内部出现了众多抱怨和怀疑。甚至有人说："原来的考核办法就像是一根绳子拴着我们，现在想用四根绳子，还不是拴得更紧点，为少发奖金找借口？"

不可否认，把战略工具用在员工绩效考核上，并希望这种新的业绩考核方式能解决考核和奖金分配问题，是实施平衡计分卡最常见的错误。

平衡计分卡的实施也不容易，要想设计和实施平衡计分卡，就要先注意以下一些问题。

1. 做好平衡计分卡的设计

平衡计分卡的设计，通常包括 4 方面内容：财务角度、顾客角度、内部经营流程、学习和成长。分别代表了企业三个主要的利益相关者：股东、顾客、员工。每个角度的重要性，都取决于角度本身和指标的选择是否与公司战略保持了一致性。当然，每个方面都有其核心内容：

（1）财务。财务业绩指标可以显示出，企业战略的实施和执行是否有利于提高企业盈利。通常，财务目标与获利能力有关，其衡量指标有营业收入、资本报酬率、经济增加值等，也可能是销售额的提高或现金流量的创造。

（2）客户。客户层面的指标通常包括客户满意度、客户保持率、客户获得率、客户盈利率以及在目标市场中所占的份额。从这个角度，可以让业务单位的管理者阐明客户和市场战略，创造出丰厚的财务回报。

（3）内部经营流程。在这一层面上，管理者要明确企业必须擅长的关键的内部流程，这些流程不仅可以帮助业务团队明确价值主张，吸引和留住目标细分市场的客户，还能满足股东对卓越财务回报的期望。

（4）学习与成长。这个角度明确了这样一个问题：要想获得长期的成长和改善，企业必须建立基础框架，确立目前和未来成功的关键因素。

一般来说，平衡计分卡的前三个层面会揭示出企业的实际能力与实现突破性业绩所必需的能力之间的差距，为了弥补这个差距，企业必须理顺员工技术的再造、组织程序和日常工作理顺，例如，员工满意度、员工保持率、员工培训和技能等以及这些指标的驱动因素。

2. 掌握平衡计分卡的实施原则和步骤

（1）实施原则。结构严谨的平衡计分卡，通常都包含一连串连接的目标和量度。这些量度和目标不仅前后连贯，而且可以互相强化。要想建立一个转战略为评估标准的平衡计分卡，通常要遵守三个原则：因果关系、成果量度与绩效驱动因素、与财务连接。

（2）设计与实施步骤。设计平衡计分卡的时候，先要澄清及转化组织的愿景和战略展开，列出推行平衡计分卡方案的理由，引导管理程序，动员组织迈往新的战略方向。具体程序为：澄清战略并建立共识、凝聚焦点、发展领导能力、战略沟通及协调、教育组织、设定战略性目标、校准计划和投资、建立回馈制度等。

在实际应用过程中，企业要综合考虑所处的行业环境、自身优势与劣势以及所处的发展阶段、自身的规模与实力等。具体来说，成功实施平衡计分卡，一般包括以下 5 个步骤：

步骤 1：公司的愿景与战略的建立与倡导。先要建立愿景与战略，使每个部门都可以用一些绩效衡量指标去完成公司的愿景与战略；另外，也可以建立一个部门级战略。同时，成立一个平衡计分卡小组或委员会，对公司的愿景和战略做出解释，并建立财务、客户、内部流程、学习与成长 4 个方面的具体目标。

步骤 2：绩效指标体系的设计与建立。本阶段的主要任务是，依据企业的战略目标，结合企业的长短期发展需要，为 4 类具体的指标找出其最具意义的绩效衡量指标。同时，对所设计的指标从内部到外部进行交流，征询各方面的意见。之后，让所设计的指标体系达到平衡，全面反映和代表企业的战略目标。

步骤3：加强企业内部的沟通与教育。利用不同沟通渠道，如定期或不定期的刊物、信件、公告栏、标语、会议等让各层管理者知道公司的愿景、战略、目标与绩效衡量指标。

步骤4：确定每年、每季、每月绩效衡量指标的具体数字，与公司的计划和预算结合起来。

步骤5：绩效指标体系的完善与提高。首先，考察指标体系设计得是否科学，能否真正反映本企业的实际情况。其次，找出绩效评价中的不全面之处，以便补充新的测评指标，使平衡计分卡不断完善。最后，关注已设计指标中的不合理之处，不断完善，使平衡计分卡更好地为企业战略目标服务。

第六节　核心层的成长

通常，核心层都掌握着较高的知识或技能，对企业的发展至关重要，是各大企业争夺的目标。

核心层是企业关键知识和技能的拥有者，也是企业参与市场竞争的有力武器。提高核心层对企业的忠诚度，不让核心层跳槽，积极发挥自身的资源优势，值得每家企业的重视。

1. 核心层的特点

核心层是个比较模糊的概念，目前较为普遍的看法是，核心层在创造绩效及企业发展上有着重要的作用，并在某些方面"不可替代"；一旦失去，必然会极大地影响企业效益。

核心层通常来自与老总一起打江山并掌握一定经营或技术机密的企业创立元老；随企业发展一起成长起来的、在企业内部晋升上来的精英员工；在发展壮大过程中，因为企业发展所需而花费高昂成本或挖或借而来的高级优秀人才。这类人一般都有着相对良好的教育背景，具备优秀的职业素质，是企业中最富活力的群体，喜欢灵活、自主的组织结构和工作环境。

这一层级的主要目标是，追求自我价值的实现。他们之所以要来你的企业工作，不仅是为了获得较高的工作报酬，更是为了发挥自己的专业特长、成就自己的事业。他们所处的位置、所扮演的角色、所担当的责任、所发挥的作用都具有特殊性：要么掌握企业的经营决策大权，要么处在企业业务链的关键环节。对企业来说，他们是不能轻易替换的员工！

2. 核心层的类型

从企业创造价值的来源来讲，核心层大致可分为三类，如表5-1所示。

表5-1 核心层的类型

类别	说明
具有专业技能的核心层	这类人一般拥有企业某一方面或领域的专业技能，工作效果关系着企业的正常运转
具有广泛外部关系的核心层	这类人员拥有企业所需的广泛的关系资源，是企业与外部组织交流的桥梁，如关键的销售人员和业务人员
具有管理技能的核心层	这类员工能够帮企业抵御经营管理风险，节约管理成本，其工作绩效与企业的发展密切相关

3. 核心层的影响

对于企业而言，一位核心层离职所带来的影响是方方面面的。正视核心层的成长，是企业发展的大前提。

（1）核心层掌握着企业的核心技术或商业机密，一旦发生泄露，必然会影响其他在职员工的情绪，极大地挫伤团队的整体士气，给企业带来极大的损失，尤其是当这些核心层跳槽到竞争对手的企业或者另起炉灶时，企业将面临更加严峻的竞争压力。

（2）核心层占据着企业的关键岗位，掌握着某种专门技能，一旦离职，企业无法立刻找到可替代的人选，关键岗位就会出现空缺，影响企业的整体运作，甚至可能对企业造成严重损害。

（3）核心层一般都能力卓越，一旦离开，企业必须重新招募和培训新员工，为了满足对人员的需求，企业需要支付相应的招募和培训费用。而且招聘来的新员工能否胜任工作，能否融入企业，都具有不确定性，这些都是企业面临的风险。

4. 让核心层成长

要想激励和留住核心层，可以从以下几个方面进行：

（1）建立合理的薪酬激励体系。薪酬是一种利益激励，对员工行为有着极强的驱动力。

经济利益是对付出相应劳动的一种最基本的回报形式，是企业必须付给员工的。员工价值最直接的体现就是薪酬的多少，核心层掌握着企业的核心技术，拥有企业的核心资源，对企业创造的价值要比普通员工高出很多，理应得到较高的价值回报。想要留住核心层，就必须给予他们合理的薪酬。

一般来说，合理的薪酬主要包括两个方面：外部竞争性与内部公平性。所谓外部竞争性是指，对核心层要支付较高的报酬，使核心层的薪酬水平领先于市场的平均水平，确保核心层的报酬具有市场竞争力；内部公平性原则是指，要增强企业在分配上的透明度，按贡献大小给予报酬，使付出与回报相匹配，让核心层在心理上感到公平。

当然，对于核心层来说，仅给予较高的物质报酬，是无法激发他们的潜能的。核心层比普通员工更看重个人成长的机会、职业的发展空间，要想留住他们，就要建立一套激励型的薪酬体系。要在薪酬体系设计中导入激励因素，既能给员工提供合理的回报，又能对员工发挥激励作用，例如，富有刺激性的福利计划、员工持股计划等。

（2）完善企业的绩效管理制度。核心层追求的是工作满意感和自我价值的实现，建立完善的绩效管理制度，使核心层的绩效得到合理评价，既可以增强核心层的工作满意度，也有利于核心层客观认识自己的工作业绩；同时，企业还能及时了解核心层工作中存在的问题，帮助其改善工作。

所谓绩效管理是指，管理者与员工在目标与如何实现目标达成共识的基础上，激励和帮助员工取得优异绩效，实现组织目标。其目的就在于，激发员工的工作热情，提高员工的能力和素质，改善公司绩效。科学的绩效管理制度，不仅可以客观公正地对员工的工作业绩进行考核，还能帮助员工正确认识自身的工作成果，发现工作的不足；同时，还有利于激发他们的主动性、积极性。

对于企业来说，建立一套系统的、以业绩为导向的、具有科学考核标准的绩效评估体系，不仅可以提高企业的管理水平，还可以及时对核心层的工作进行客观公正、准确的评价，让核心层及时了解自己的业绩情况，激发他们的工作热情，增强他们对企业的认同感和忠诚度。

（3）构建以人为本的组织文化。企业文化是企业的行为规范和共同的价值观念，是在长期生产经营过程中逐步形成的经营哲学，带有本企业的特征；其核心是价值观念和思维方式，是全体成员认可和遵守的价值观、行为规范。

优秀的企业文化，可以使员工确立共同的价值观念和行为准则，在企业内部形成强大的凝聚力和向心力，使员工产生一种自我约束和自我激励。同时，还可以吸引和留住关键人才。

在知识经济时代，企业要想充分发挥员工的积极性和潜能，要想激励和留住核心层，就必须构建一种以人为本的组织文化。如此，员工的情感才会受到激励，才会对企业产生高度的认同感和归属感，才能将自己的行为动机引导到企业目标上来，产生强烈的集体意识，凝聚成一股向心力，使核心层忠于企业。

因此，企业应当树立以人为本的价值观，构建以人为本的组织文化，把员工尤其是核心层看成是企业的重要资产，尊重其个性和才能的发挥，鼓励他们参与企业的决策活动。

（4）合理的培训与开发计划、明确的职业生涯规划。与普通员工相比，核心层更在意自身价值的体现，更注重自身职业生涯的发展及企业对自身的培养。对企业而言，经过培训，不仅可以提升核心层的知识和技能，满足核心层的需要，还可以增强企业的核心竞争力，促进战略目标的实现。

另外，在培训过程中，不断加强对核心层职业生涯规划的培训，不仅可以提高他们的工作积极性，还可以让他们将自己的个体目标与企业目标整合起来，增强企业的向心力，使核心层能长久地留在企业。

（5）与核心层形成心理契约。心理契约是一种企业双方不成文的、内隐的契约，具体体现为：双方对相互责任义务的主观约定，这是一种存在于员工与企业之间的隐性契约。如果企业的目标效果与个体目标效果不协调，员工的满意度较低，企业不能及时做出改变，心理契约就会被打破；如果不及时进行维护，必将造成员工的流失。

违背了心理契约，不仅会影响员工的工作绩效、工作满意度，还会影响员工对企业的情感投入和流动率。有时，员工甚至会产生愤怒的情绪，并对自己与组织的关系重新进行评价。因此，要想留住核心层，就要与他们建立起稳定的心理契约，明确他们的期望，不断与他们沟通，了解他们的具体需求，认真完成企业对员工的允诺，及时发现企业存在的问题。

（6）关键员工的约束机制。建立有效的人才约束机制，不仅要把优秀员工招进企业，用各种方法激励他们，还必须建立起有效的人才约束机制，例如，在招聘员工时，把好入口关，通过科学的人事测评，选拔出忠诚度高的员工；与员工签订用工合同，加大员工违约赔偿力度，对员工行为进行有效的规范和约束；在企业章程中，要对企业的各种利益主体进行界定，通过企业章程来处理企业与人力资本之间的关系，约束员工，留住员工。

附：成长型企业顶层设计 不能飘在空中

完美的细节铸造完美的结果

鋈刻是一项流传了数千年的传统工艺，大师们每创作一件作品，都要做很多准备工序，经过无数个环节，每一步都要精雕细刻，甚至花费全部的心血，才能诞生一件精美的作品。

要完成一件精美的作品，每个步骤的工艺都要精致、完美，每个环节都不能出任何纰漏，都得按要求做细、做精。任何工作都不是单一的简单动作，而是由连续的行为组成。

同样，企业要想实现自己的终极目标，就只有保证每个环节都完美、正确运行。因为，每个环节就是一个齿轮，只有各个步骤和环节环环相扣、步步相连，每个员工都认认真真、扎扎实实把事做好、做实、做到位，最终目标才能实现。

重滨先生在日本东京银座的一家西餐厅做主厨，他个人已经有40多年的资历。每次接到客人的订单，他都会按照固定的流程，不紧不慢地有序进行：先用刀背捶打准备好的肉片，再在上面撒盐、胡椒、木瓜酵素，使肉质变软，然后蘸上面粉放入油锅炸，最后根据炸粉的颜色和油炸声音，判断肉排是否炸熟。这样，一道料理才算完成。

做一道菜尚且需要准确把握好每一道工序，何况是企业顶层设计。哪怕只是做一道油炸肉片，重滨先生也会严把关口，在选料、洗涤、备料、腌制、油炸等一系列工序中，每一道都要严格按照标准操作，不失严谨和规范。同样，企业顶层设计也像烹饪大餐，必须严格保证每一道工序都正确，才能做出想要的"美味"。

方法论支撑，就是要注重每一个环节

企业要想复制成功模式，唯有把系统性思考作为最高理论指导，才能实现基业长青。因此，优秀的企业在实践之前，必须要由可靠的方法论作支撑，包括企业战略规划、产品创新体系、产品研发体系、商业模式设计等。

很多长青的西方企业，都非常重视方法论和过程控制，因为他们相信，只有保证过程中的每一环节都是正确的，结果才会是正确的；如果出现问题，原因一定是出在某个环节上。

经过西方发达国家很多企业的多年实践，已经形成了许多成熟的方法论，并成功应用到了中国市场，经过不断的实践验证，这些方法论的确具有很强的适应性和有效性。笔者坚信，学会了这些成熟的方法论，就掌握了一件事的本领，即使不能一劳永逸，也可以在很长一段时间内运用自如，有效提高组织智商，减少重复劳动。

方法论放在哪里都能体现其价值，至于我们最关心的经营业绩，多数企业认为靠人海战术、靠关系、靠能人就可以。其实，这些都不是一套科学的系统。企业只有用 FAB 方法论形成"统一说辞"，提炼出品牌的价值诉求，才能提高与客户沟通的效率和质量。

市场营销是最能体现一个企业是优秀还是平庸了，而市场营销的最终目的，就是不再需要销售。真正到位的市场营销，是不需要为销售工作而头疼的。

过去，不少企业误入歧途，喊着"打造狼性团队"的口号，以为产品没有竞争力，拿所谓的"狼性团队"就可以弥补，结果本末倒置，把资源和资金从产品创新、市场调研中撤出，用在销售上。

相信现在很多企业都发现，唯有打造"人性化团队"才是正确的道路，因为这样的团队最让客户感动，因为他们专业、敬业、职业，可以让客户在心情愉悦的环境下，获得具备独到价值的好产品。而这一切都离不开方法论的支撑。

其实，只要把市场营销真正做到位了，不需要追着客户跑，他们自己会自动上门，甚至会变成企业的粉丝、信徒。苹果不就是最好的例子吗？

当年苹果在中国设立分公司时，市场部门人员竟然是销售部人员的3~4倍，整个苹果公司从中国区总裁到最底层的工作人员，都把全部注意力放在市场营销上，所有的工作重点都围绕着产品创新，不懈地追求给客户提供独到的价值和体验。

反观国内的其他企业，公司里数量最多的往往是销售人员，而市场营销人员却少得可怜。不仅如此，即便有一些市场营销人员，负责的也是市场宣传、活动策划之类无足轻重的事情，几乎没有几个人是在做产品市场和市场开发，这就使企业从根本上失去了健康发展的机会。

企业的顶层设计需要数据化作支撑

企业要进行有效的顶层设计，不只需要方法论，要想从其他同行业中脱颖而出，必须形成一套科学的运营管控系统和决策机制，学会应用数据化分析，进行沟通、分析和决策。

在当今这个大数据横行的年代，几乎没有人可以逃脱数据的旋涡。美国有句谚语："除了上帝，任何人都必须用数据说话。"目前，我们已经进入大数据无限发展的时代，据说，就连巴西世界杯冠军——德国队，也是通过大数据分析，才获得了更多胜利的筹码。

很多身处商贸流通领域的小微型企业，在其管理商品、账务、现金流等方面，会产生更新、频率更高、数量更大的数据。小微型企业可以借助类似"深知用户心"的商贸管理软件，实现经营管理流程化、数据管理及分析高效化的转变。

每次给企业做战略规划之前，无论是业务人员，还是非业务人员，笔者都会要求所有与会人员做市场调研，针对用户需求、市场环境、行业格局等，设计几十道题目，以此对企业有个大致的了解。

不过，需要强调一点，虽然有了数据作支撑，在决策时还应该采取"民主集中制"，即"决策前要民主，决策后要独裁"。

所谓的运营管控系统，重在实时监控，即从人治走向法治，这也是顶层设计的一个终极目标。任何事情都不能过度依赖个人能力和责任心，必要的严密体系、标准化流程和统一工具是必不可少的。要知道，公司规模越大，越应该靠制度管人、靠体系做事，否则，就会陷入随心所欲的泥沼。

运营管控的妙处就在于，它是以服务来实现管控的，用优质的服务代替生硬的、令人反感的管控模式。很多大型企业都是靠这一系统实现管理升级的。大家一旦接受了这一理念，集团公司内部人员就能调整心态、各司其职，逐步树立服务意识，给下属企业提供优质服务，直至成为集团内部咨询师，真正实现"转变职能"的目的。

运营管控体系包括预算管理、生产管理、供应链管理、产品创新体系

（IPD）等。建立了这些系统，就可以全面管理"人、机、料、法、环"，实现提高运营质量、强化运营管控。

顶层设计需要落地执行

想法再好，只有落地实施了才有意义，执行力就是顶层设计的"临门一脚"。那么，如何加强执行力呢？如何让员工有动力，愿意尽心尽力地去实现目标？很多企业忙于布置任务，却常常忽视保证员工按质按量按时完成任务。

无论什么样的企业，战略再好，没有强大的执行力，再大的商机也会与之擦肩而过。在世界500强企业中此类案例层出不穷，看似不起眼的转变：只是把"应该如何做"制度化为"必须如何做"，就激发了这些企业强大的执行力。

衡量一个战略策划是否有价值，还要考虑企业是否有足够的能力来执行。要知道，任何战略的根本目的还是指导执行！所以战略是否得当，一执行就会变得明朗起来。

所谓执行力就是把战略想法变成现实的过程，需要从企业领导者开始发起和掌握，直到团队的每个成员都切实执行的战略执行能力。如果你的企业有一个不错的战略规划，但却输给了竞争对手，很可能就是执行力拖了后腿。如果对手的执行能力比你强，那么对方就会在各方面领先。

一个成功的企业，战略占20%，运气占20%，剩下的60%要靠企业各层管理者的执行力。虽然我国很多企业都认识到了战略的重要性，但在执行力方面还很欠缺，这就导致很多企业虽然有比较合理科学的战略规划，但因无法执行到底，最终功亏一篑。

很多优秀的企业内部通常都存在着强烈的"执行文化"，每个员工都注重承诺和责任心，强调以结果为导向。在这样的企业里，无论管理层制定了怎样的战略，只要看到其执行效果，就能取得持续性的成功；反观缺乏执行力的企业，即使战略制定得再好，即使有咨询公司加持，成功也是难上加难。

执行需要科学化分解

工作任务要想完成得好，先要学会如何分解任务，如果任务分解得不科学、不明确，执行者怎么知道该怎么做？很多老板都有这样的经历：给部下布置完工作后，问他们听懂没，大家一致回答"听懂了"。可事实上未必都听懂了，不过是给老板面子而已。

管理者在布置任务时千万不能偷懒，要把任务掰开了揉碎了，给下面的人说清楚、讲明白，如果没有人提出问题，通常是因为他们没听懂。这时候，必须把任务变成"动作"，然后再用标准化的流程和工具，把"标准动作"传达下去，用动力式管理激发员工的主动性。

参考文献

［1］（美）彼得·德鲁克：《创新与企业家精神》. 蔡文燕译，机械工业出版社 2009 年版。

［2］郑翔洲、叶浩：《资本与商业模式顶层设计》. 电子工业出版社 2014 年版。

［3］高建华：《赢在顶层设计》. 北京大学出版社 2013 年版。

［4］房西苑：《资本的游戏》. 机械工业出版社 2012 年版。

［5］陈春花：《企业文化塑造》. 机械工业出版社 2016 年版。

［6］（美）彼得·圣吉：《第五项修炼：学习型组织的艺术与实践》. 张成林译，中信出版社 2009 年版。